Business Intelligence

ICB Editores (Interconsulting Bureau S.L.)
C/ Flauta Mágica, 1 local 1B
P.I. Alameda 29006 – Málaga. España
Tfno: (+34) 952 28 87 67
info@icbeditores.com
www.icbeditores.com

Business Intelligence

Coordinadora de la obra: María Dolores Pérez Rodríguez
Licenciada en Pedagogía por la Universidad de Málaga

1ª edición, 10/2024

ISBN: 978-84-19720-13-9

Impreso en España - *Printed in Spain*

Código: MAIC005195

ÍNDICE

ICB
EDITORES

MÓDULO

1. Business Intelligence

Contenido del Módulo

UNIDAD

1.1. Fundamentos de la Inteligencia de Negocio

Contenido de la Unidad

- Objetivo
- Introducción
- ¿Qué es la inteligencia de negocio?
- Resumen
- Autoevaluación

ICB
EDITORES

1. Objetivo

Al finalizar la lectura de este capítulo, queremos que el lector haya adquirido una comprensión clara y accesible sobre los conceptos fundamentales de la inteligencia de negocio (BI) y su relevancia en el contexto empresarial actual. Los objetivos específicos que el alumno debería alcanzar son:

1. Entender el propósito de la inteligencia de negocio: Conocer cómo la BI transforma los datos en información valiosa para apoyar la toma de decisiones informadas y estratégicas en una organización.

2. Reconocer los beneficios de la inteligencia de negocio: Identificar cómo la BI puede mejorar la eficiencia operativa, aumentar los ingresos y proporcionar una ventaja competitiva a las empresas mediante el uso adecuado de la información.

3. Familiarizarse con los conceptos clave de la BI: Aprender sobre los pilares fundamentales y los componentes básicos de la BI, incluyendo los datawarehouses, los sistemas OLTP y OLAP, y los procesos de ETL (Extracción, Transformación y Carga).

4. Explorar el impacto de la BI en la toma de decisiones: Comprender cómo la BI influye en las decisiones a todos los niveles de una organización, desde la alta dirección hasta las operaciones diarias.

5. Prepararse para los capítulos siguientes: Establecer una base sólida de conocimientos para profundizar en temas avanzados como la minería de datos, las herramientas de visualización y el uso de plataformas específicas como Power BI.

La inteligencia de negocio no es solo para expertos en tecnología o analistas de datos. Es una herramienta poderosa que puede ser utilizada por cualquier persona dentro de una organización para mejorar la toma de decisiones y, en última instancia, impulsar el éxito del negocio. A lo largo de este libro, nos aseguraremos de explicar los conceptos de manera clara y sencilla, utilizando ejemplos prácticos y un lenguaje inclusivo que facilite la comprensión para todas y todos.

Al finalizar este capítulo, deberías sentirte cómodo y cómoda con los conceptos básicos de la inteligencia de negocio y estar listo o lista para explorar cómo estos principios se aplican en la práctica. La BI puede parecer un tema complejo al principio, pero nuestro objetivo es desmitificarlo y mostrarte cómo puede ser una herramienta accesible y útil para cualquier persona interesada en mejorar el desempeño de su organización.

2. Introducción

La inteligencia de negocio (BI) es un conjunto de estrategias, tecnologías y procesos que las organizaciones utilizan para recopilar, integrar, analizar y presentar información empresarial relevante. El objetivo principal de la BI es transformar los datos crudos en información significativa que ayude a la toma de decisiones informadas.

Imagina una organización que genera una gran cantidad de datos todos los días: ventas, interacciones con clientes, inventarios, registros financieros, etc. Estos datos, en su estado bruto, pueden ser difíciles de interpretar y utilizar de manera efectiva. Aquí es donde entra en juego la BI.

La Evolución de la Inteligencia de Negocio

Históricamente, las decisiones empresariales se basaban en la experiencia y la intuición de los líderes. Sin embargo, con el avance de la tecnología y la creciente disponibilidad de datos, se hizo evidente la necesidad de métodos más precisos y basados en datos para tomar decisiones. La BI ha evolucionado para llenar este vacío, proporcionando herramientas y metodologías que permiten a las organizaciones aprovechar al máximo sus datos.

Componentes Clave de la BI

1. Recopilación de Datos: La base de cualquier sistema de BI es la recopilación de datos. Estos datos pueden provenir de diversas fuentes internas y externas, como bases de datos de ventas, encuestas de clientes, informes de mercado, entre otros.

2. Almacenamiento de Datos: Una vez recopilados, los datos deben ser almacenados de manera estructurada para facilitar su análisis. Aquí es

donde entran en juego los datawarehouses, que actúan como repositorios centralizados de información.

3. Procesamiento y Análisis de Datos: El siguiente paso es procesar y analizar los datos para extraer información valiosa. Esto puede incluir desde consultas simples hasta análisis complejos que utilizan técnicas de minería de datos y modelos predictivos.

4. Visualización de Datos: La presentación de los datos de manera clara y comprensible es crucial. Las herramientas de visualización, como los dashboards y los informes interactivos, permiten a las y los usuarios interpretar rápidamente la información y tomar decisiones basadas en ella.

5. Toma de Decisiones: Finalmente, la información procesada y visualizada se utiliza para tomar decisiones informadas. Estas decisiones pueden abarcar desde ajustes operativos menores hasta cambios estratégicos significativos.

Importancia de la BI en el Contexto Actual

En el entorno empresarial actual, la competencia es feroz y las organizaciones deben ser ágiles y estar bien informadas para mantenerse a la vanguardia. La BI permite a las empresas:

⇨ Identificar Oportunidades de Mercado: Al analizar tendencias y patrones en los datos, las organizaciones pueden identificar nuevas oportunidades de mercado y adaptarse rápidamente a las cambiantes condiciones del mercado.

⇨ Mejorar la Eficiencia Operativa: Al tener una visión clara de sus operaciones, las empresas pueden identificar áreas de mejora y optimizar sus procesos para reducir costos y aumentar la eficiencia.

⇨ Tomar Decisiones Basadas en Datos: Con datos precisos y actualizados, las organizaciones pueden tomar decisiones más informadas y reducir la dependencia de la intuición o las suposiciones.

⇨ Mejorar la Satisfacción del Cliente: Al entender mejor las necesidades y preferencias de sus clientes, las empresas pueden personalizar sus ofertas y mejorar la experiencia del cliente.

El Futuro de la BI

La inteligencia de negocio sigue evolucionando, impulsada por avances en tecnologías como la inteligencia artificial (IA), el aprendizaje automático (ML) y la analítica avanzada. Estas tecnologías están haciendo que la BI sea aún más poderosa y accesible, permitiendo a las organizaciones extraer información más profunda y precisa de sus datos.

En resumen, la inteligencia de negocio es una herramienta esencial en el mundo empresarial moderno. No solo ayuda a las organizaciones a entender mejor sus operaciones y su entorno, sino que también les proporciona una ventaja competitiva crucial. A medida que avancemos en este libro, exploraremos en detalle cómo implementar y aprovechar la BI para maximizar el valor de los datos y transformar la información en decisiones estratégicas.

3. ¿Qué es la inteligencia de negocio?

3.1. Definición y Objetivos de la Inteligencia de Negocio

La inteligencia de negocio (BI, por sus siglas en inglés) es un conjunto de procesos, arquitecturas y tecnologías que convierten datos sin procesar en información significativa y útil. La BI permite a las organizaciones mejorar la toma de decisiones estratégicas, tácticas y operativas mediante el análisis de datos. En esencia, la BI abarca la recopilación de datos, su almacenamiento, procesamiento y análisis, y la presentación de resultados que faciliten la comprensión y la toma de decisiones.

Definición de la Inteligencia de Negocio

La inteligencia de negocio se puede definir como el uso de datos y herramientas analíticas para apoyar la toma de decisiones empresariales. Involucra la recopilación, integración, análisis y presentación de datos para proporcionar información útil que ayuda a los responsables de la toma de decisiones a comprender el estado actual del negocio y prever su desarrollo futuro.

1. Recopilación de Datos: La BI empieza con la recopilación de datos de diversas fuentes internas y externas. Estas fuentes pueden incluir sistemas de planificación de recursos empresariales (ERP), sistemas de gestión de relaciones con clientes (CRM), bases de datos transaccionales, aplicaciones de redes sociales, y datos de mercado.

2. Almacenamiento de Datos: Los datos recopilados se almacenan en sistemas especializados, como almacenes de datos (data warehouses), que permiten una integración y organización eficiente de la información para su posterior análisis.

3. Procesamiento de Datos: Antes de que los datos puedan ser analizados, deben ser limpiados y procesados para asegurar su calidad y coherencia. Esto incluye la eliminación de duplicados, la corrección de errores y la transformación de los datos en un formato adecuado para el análisis.

4. Análisis de Datos: Utilizando diversas técnicas analíticas, como la minería de datos, el análisis estadístico y el modelado predictivo, los datos se examinan para descubrir patrones, tendencias y relaciones significativas.

5. Visualización de Datos: Los resultados del análisis se presentan mediante herramientas de visualización de datos, como dashboards, gráficos y tablas, que facilitan la interpretación de la información y su uso en la toma de decisiones.

Objetivos de la Inteligencia de Negocio

Los objetivos de la inteligencia de negocio son variados y dependen de las necesidades específicas de cada organización. Sin embargo, hay algunos objetivos comunes que la mayoría de las empresas buscan alcanzar mediante el uso de BI:

1. Mejora de la Toma de Decisiones: Uno de los principales objetivos de la BI es proporcionar información precisa y en tiempo real que apoye la toma de decisiones informadas. Con datos fiables, los líderes empresariales pueden tomar decisiones estratégicas, tácticas y operativas con mayor confianza y precisión.

2. Identificación de Oportunidades de Mercado: La BI ayuda a las organizaciones a analizar datos de mercado y detectar nuevas oportunidades de negocio. Al entender mejor las tendencias del mercado y las necesidades de los clientes, las empresas pueden desarrollar productos y servicios que satisfagan mejor la demanda.

3. Optimización de Procesos Empresariales: Mediante el análisis de datos operativos, la BI puede identificar ineficiencias y cuellos de botella en los procesos empresariales. Esto permite a las organizaciones optimizar sus operaciones, reducir costos y mejorar la productividad.

4. Aumento de la Competitividad: En un entorno empresarial cada vez más competitivo, la capacidad de responder rápidamente a los cambios del mercado es crucial. La BI proporciona a las organizaciones la agilidad necesaria para adaptarse a nuevas condiciones y mantenerse por delante de la competencia.

5. Mejora de la Satisfacción del Cliente: Al analizar datos de clientes, la BI permite a las empresas entender mejor las necesidades y preferencias de sus clientes. Esto facilita la personalización de productos y servicios, mejorando la satisfacción del cliente y fomentando la lealtad.

6. Gestión Financiera Eficiente: La BI ayuda a las organizaciones a monitorear su rendimiento financiero, gestionar presupuestos y prever

ingresos y gastos. Esto permite una gestión financiera más precisa y efectiva, ayudando a las empresas a alcanzar sus objetivos económicos.

7. Monitoreo del Rendimiento Empresarial: Los dashboards y los reportes generados por las herramientas de BI permiten a las empresas monitorear su rendimiento en tiempo real. Esto facilita la detección temprana de problemas y la implementación rápida de soluciones.

8. Apoyo a la Innovación: Al proporcionar insights detallados sobre el mercado, los clientes y las operaciones internas, la BI puede inspirar nuevas ideas y enfoques innovadores. Las organizaciones pueden utilizar esta información para desarrollar nuevos productos, mejorar procesos existentes y explorar nuevas áreas de negocio.

La inteligencia de negocio es una herramienta poderosa que permite a las organizaciones transformar grandes volúmenes de datos en información valiosa. Al mejorar la toma de decisiones, identificar oportunidades de mercado, optimizar procesos, y aumentar la competitividad, la BI juega un papel crucial en el éxito empresarial en el entorno actual.

3.2. Componentes Principales de la Inteligencia de Negocio

La inteligencia de negocio (BI) se compone de varios elementos clave que trabajan juntos para transformar datos en información útil y accionable. Estos componentes incluyen la recopilación, el almacenamiento, el procesamiento, el análisis y la visualización de datos. A continuación, se detallan cada uno de estos componentes y su importancia en el proceso de BI.

1. Recopilación de Datos

   El primer paso en cualquier sistema de BI es la recopilación de datos. Estos datos pueden provenir de una variedad de fuentes internas y externas, tales como:

   ⇨ Sistemas de Gestión de Relaciones con Clientes (CRM): Proporcionan datos sobre interacciones con clientes, historial de compras y preferencias.

   ⇨ Sistemas de Planificación de Recursos Empresariales (ERP): Contienen información sobre la gestión de recursos, finanzas, producción y operaciones.

   ⇨ Bases de Datos Transaccionales: Almacenan datos sobre transacciones diarias de ventas, compras, inventarios y más.

   ⇨ Hojas de Cálculo y Archivos Locales: Datos almacenados en formatos como Excel o CSV.

   ⇨ Redes Sociales y Fuentes Web: Datos sobre comportamiento y opiniones de los usuarios.

   ⇨ Datos Públicos y de Mercado: Estadísticas gubernamentales, informes sectoriales y estudios de mercado.

   La recopilación de datos debe ser exhaustiva y precisa para asegurar que la información utilizada en el análisis sea completa y confiable.

2. Almacenamiento de Datos

   Una vez recopilados, los datos deben ser almacenados de manera organizada para facilitar su análisis. El almacenamiento de datos se realiza a través de:

   ⇨ Data Warehouses (Almacenes de Datos): Repositorios centralizados que almacenan grandes volúmenes de datos estructurados provenientes de múltiples fuentes. Permiten una integración y consolidación eficiente de la información.

   ⇨ Data Lakes (Lagos de Datos): Almacenan datos en su formato original, ya sea estructurado, semi-estructurado o no estructurado. Son útiles para el análisis avanzado y la exploración de datos sin procesar.

- ⇨ Bases de Datos Operacionales: Utilizadas para el almacenamiento de datos transaccionales que requieren acceso y actualización rápida.

Los sistemas de almacenamiento de datos deben ser escalables, seguros y eficientes para manejar grandes volúmenes de información y proporcionar acceso rápido para el análisis.

3. Procesamiento y Limpieza de Datos

Antes de que los datos puedan ser analizados, deben ser limpiados y procesados para asegurar su calidad y coherencia. Este proceso incluye:

- ⇨ Extracción: Recuperación de datos desde diversas fuentes.
- ⇨ Transformación: Limpieza y normalización de datos para corregir errores, eliminar duplicados y estandarizar formatos.
- ⇨ Carga (ETL): Integración de los datos transformados en el data warehouse o data lake.

La limpieza y el procesamiento de datos son esenciales para eliminar inexactitudes y asegurar que los datos sean confiables para el análisis.

4. Análisis de Datos

El análisis de datos es el corazón de la BI. Implica examinar los datos para descubrir patrones, relaciones y tendencias significativas. Las técnicas de análisis incluyen:

- ⇨ Análisis Descriptivo: Resumir y describir las características principales de los datos.
- ⇨ Análisis Diagnóstico: Entender las causas subyacentes de los eventos observados.
- ⇨ Análisis Predictivo: Utilizar modelos estadísticos y algoritmos de aprendizaje automático para prever futuros eventos.
- ⇨ Análisis Prescriptivo: Sugerir acciones basadas en el análisis predictivo para optimizar resultados.

El análisis de datos proporciona insights que pueden ser utilizados para tomar decisiones informadas y estratégicas.

5. Visualización de Datos

La visualización de datos es el proceso de representar la información analizada en formatos gráficos que sean fáciles de entender e interpretar. Las técnicas y herramientas de visualización incluyen:

⇨ Dashboards: Paneles interactivos que muestran métricas clave y permiten a los usuarios explorar datos en tiempo real.

⇨ Gráficos y Diagramas: Barras, líneas, pasteles, mapas de calor y gráficos de dispersión que representan visualmente diferentes aspectos de los datos.

⇨ Informes: Documentos estructurados que presentan análisis detallados y resúmenes de datos.

Las visualizaciones efectivas ayudan a los usuarios a comprender rápidamente los insights y a tomar decisiones basadas en datos.

6. Reportes y Dashboards

Los reportes y dashboards son herramientas esenciales de la BI que permiten a los usuarios finales acceder a información detallada y resumida sobre diversos aspectos del negocio. Los reportes pueden ser estáticos o dinámicos, y los dashboards suelen ser interactivos, permitiendo a los usuarios explorar los datos y obtener insights en tiempo real.

⇨ Reportes: Documentos que proporcionan análisis detallados y resúmenes de datos históricos.

⇨ Dashboards: Herramientas visuales interactivas que permiten monitorear el rendimiento del negocio y explorar datos en tiempo real.

Ambas herramientas son cruciales para la toma de decisiones informadas y la gestión efectiva del rendimiento empresarial.

Integración de Componentes

La integración de estos componentes crea un sistema de BI robusto y eficiente. Cada componente juega un papel vital en la transformación de datos en información valiosa:

1. Recopilación y Almacenamiento: Asegura que los datos necesarios estén disponibles y accesibles.

2. Procesamiento y Limpieza: Garantiza la calidad y consistencia de los datos.

3. Análisis y Visualización: Transforma los datos en insights significativos y accionables.

4. Reportes y Dashboards: Proporcionan acceso continuo y fácil a la información crítica para la toma de decisiones.

Estos componentes permiten a las organizaciones utilizar la inteligencia de negocio para mejorar la toma de decisiones, optimizar procesos, identificar oportunidades y mantener una ventaja competitiva en el mercado.

3.3. Beneficios y Aplicaciones Prácticas de la Inteligencia de Negocio

La implementación de la inteligencia de negocio (BI) ofrece múltiples beneficios a las organizaciones, permitiéndoles no solo mejorar su toma de decisiones, sino también optimizar procesos y descubrir nuevas oportunidades. A continuación, se detallan los principales beneficios y aplicaciones prácticas de la BI.

Beneficios de la Inteligencia de Negocio

1. Mejora de la Toma de Decisiones: La BI proporciona datos precisos y actualizados, lo que permite a los líderes empresariales tomar decisiones informadas y estratégicas. Los insights obtenidos a través de la BI ayudan a entender mejor el rendimiento del negocio y a identificar áreas de mejora.

2. Aumento de la Eficiencia Operativa: Mediante el análisis de procesos y operaciones, la BI permite identificar ineficiencias y optimizar recursos. Esto puede traducirse en una mayor productividad y una reducción de costos operativos.

3. Identificación de Nuevas Oportunidades de Mercado: La BI ayuda a analizar tendencias y comportamientos del mercado, permitiendo a las empresas descubrir nuevas oportunidades de negocio y adaptarse rápidamente a los cambios del mercado.

4. Mejora de la Satisfacción del Cliente: Al comprender mejor las necesidades y preferencias de los clientes a través del análisis de datos, las empresas pueden personalizar sus productos y servicios, mejorando la experiencia del cliente y fomentando la lealtad.

5. Ventaja Competitiva: Las organizaciones que utilizan BI pueden responder más rápidamente a los cambios del mercado y a las acciones de la competencia. Esto les permite mantenerse por delante de sus competidores y aprovechar nuevas oportunidades con mayor rapidez.

6. Gestión Financiera Eficiente: La BI proporciona herramientas para el monitoreo continuo del rendimiento financiero, la gestión de presupuestos y la previsión de ingresos y gastos. Esto ayuda a las empresas a mantener una gestión financiera saludable y a tomar decisiones económicas informadas.

7. Monitoreo del Rendimiento Empresarial: Los dashboards y reportes de BI permiten a las empresas monitorear su rendimiento en tiempo real, facilitando la detección temprana de problemas y la implementación rápida de soluciones.

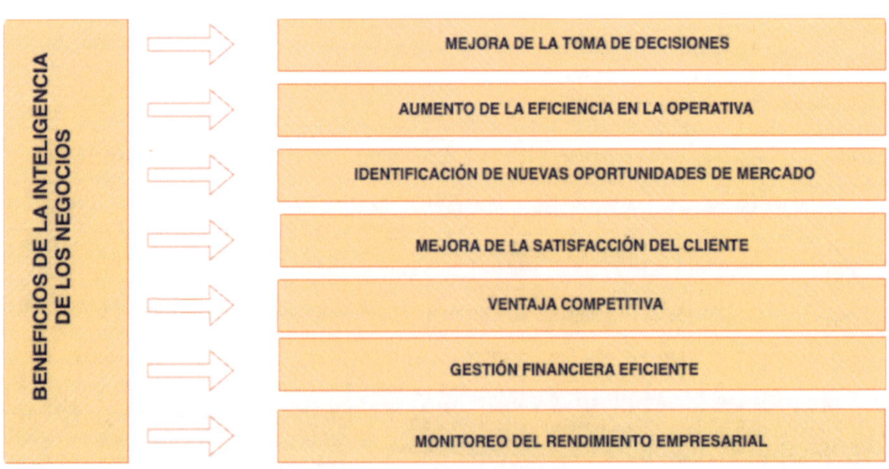

Aplicaciones Prácticas de la Inteligencia de Negocio

1. Análisis de Ventas y Marketing:

   ⇨ Segmentación de Clientes: Utilizando la BI, las empresas pueden segmentar a sus clientes en base a comportamientos de compra, preferencias y demografía, lo que facilita la personalización de campañas de marketing.

   ⇨ Rendimiento de Campañas: La BI permite medir el rendimiento de las campañas de marketing en tiempo real, ayudando a ajustar las estrategias y maximizar el retorno de la inversión (ROI).

2. Gestión Financiera:

   ⇨ Presupuestos y Previsiones: La BI ayuda a crear presupuestos precisos y previsiones financieras basadas en datos históricos y tendencias actuales.

   ⇨ Análisis de Costos: Permite un análisis detallado de los costos operativos, identificando áreas donde se pueden reducir gastos sin comprometer la calidad.

3. Optimización de la Cadena de Suministro:

   ⇨ Gestión de Inventarios: La BI ayuda a mantener niveles óptimos de inventario, evitando tanto excesos como faltantes, lo que puede reducir costos y mejorar la eficiencia operativa.

   ⇨ Rendimiento de Proveedores: Analiza el desempeño de los proveedores en términos de costos, tiempos de entrega y calidad, facilitando la selección de los mejores socios comerciales.

4. Recursos Humanos:

   ⇨ Análisis de Desempeño: La BI permite evaluar el rendimiento de los empleados, identificar áreas de mejora y planificar estrategias de desarrollo del talento.

   ⇨ Retención de Talento: Analiza datos de empleados para identificar factores que contribuyen a la rotación y desarrollar programas de retención efectivos.

5. Salud y Bienestar:

   ⇨ Mejora de Servicios de Salud: Los hospitales y clínicas pueden utilizar BI para analizar datos de pacientes, mejorar la calidad del cuidado y optimizar la gestión de recursos.

   ⇨ Programas de Bienestar: Empresas pueden implementar programas de bienestar basados en datos, mejorando la salud y productividad de sus empleados.

6. Educación:

   ⇨ Rendimiento Académico: Instituciones educativas pueden utilizar BI para analizar el rendimiento académico de los estudiantes y desarrollar estrategias para mejorar el aprendizaje.

   ⇨ Gestión de Recursos: Optimiza la asignación de recursos, como personal docente y material educativo, basándose en el análisis de datos.

7. Sector Público:

   ⇨ Políticas Públicas: La BI puede ayudar a los gobiernos a analizar datos demográficos y económicos para desarrollar políticas públicas más efectivas.

   ⇨ Transparencia y Rendición de Cuentas: Facilita la creación de reportes y dashboards que promuevan la transparencia y la rendición de cuentas en la administración pública.

8. Industria y Manufactura:

   ⇨ Mantenimiento Predictivo: Utiliza datos para predecir fallos en maquinaria y equipos, permitiendo un mantenimiento preventivo y reduciendo el tiempo de inactividad.

   ⇨ Optimización de Producción: Analiza el rendimiento de las líneas de producción para identificar cuellos de botella y mejorar la eficiencia.

9. Retail:

   ⇨ Análisis de Punto de Venta: Monitorea el rendimiento de diferentes productos y categorías en tiempo real, ajustando las estrategias de inventario y ventas.

- Experiencia del Cliente: Utiliza datos de compras y comportamientos de clientes para mejorar la experiencia en tienda y online.

La inteligencia de negocio ofrece una amplia gama de beneficios y aplicaciones prácticas que pueden transformar la manera en que las organizaciones operan y toman decisiones. Al aprovechar al máximo la BI, las empresas pueden mejorar su eficiencia, satisfacer mejor a sus clientes y mantenerse competitivas en un entorno de negocio en constante cambio.

RESUMEN

La Inteligencia de Negocio (BI) es una herramienta fundamental para transformar datos en información valiosa que apoye la toma de decisiones estratégicas en las organizaciones. Su principal objetivo es facilitar que las empresas puedan analizar y utilizar grandes volúmenes de datos para mejorar su eficiencia operativa, aumentar los ingresos y obtener una ventaja competitiva.

La BI implica varios procesos clave, como la recopilación de datos de diversas fuentes, su almacenamiento en data warehouses, el procesamiento y análisis para extraer información útil, y finalmente, la visualización de los datos a través de dashboards e informes interactivos que permiten a los usuarios tomar decisiones basadas en información precisa.

El uso adecuado de la BI permite a las empresas identificar nuevas oportunidades de mercado, mejorar la eficiencia de sus operaciones, personalizar sus ofertas para aumentar la satisfacción del cliente y reducir la dependencia de decisiones basadas en la intuición. Además, gracias a los avances en tecnologías como la inteligencia artificial y el aprendizaje automático, la BI continúa evolucionando, permitiendo un análisis más profundo y preciso de los datos.

En un entorno empresarial competitivo, la BI se ha convertido en una herramienta indispensable que proporciona a las organizaciones la capacidad de responder rápidamente a los cambios y mantenerse por delante de la competencia, optimizando procesos y mejorando su rendimiento global.

AUTOEVALUACIÓN

1. ¿Cuál es el propósito principal de la Inteligencia de Negocio (BI)?
   - **A.** Facilitar la toma de decisiones informadas transformando los datos en información valiosa.
   - **B.** Aumentar el número de datos recopilados por una organización.
   - **C.** Eliminar los procesos de toma de decisiones en las empresas.

2. ¿Cuál es uno de los beneficios que ofrece la Inteligencia de Negocio (BI)?
   - **A.** Permitir que las decisiones se basen en intuiciones.
   - **B.** Mejorar la eficiencia operativa y proporcionar ventaja competitiva.
   - **C.** Reducir la cantidad de datos disponibles en la empresa.

3. ¿Cuál de los siguientes es un componente clave de la BI?
   - **A.** Almacenamiento de datos en data warehouses para facilitar su análisis.
   - **B.** Eliminar datos innecesarios sin analizarlos.
   - **C.** Distribuir datos sin procesar directamente a los empleados.

4. ¿Qué permite la visualización de datos dentro de la Inteligencia de Negocio?
   - **A.** Interpretar fácilmente la información y tomar decisiones basadas en los datos.
   - **B.** Aumentar el volumen de datos en los informes.
   - **C.** Simplificar las tareas administrativas.

5. ¿Cuál es el impacto de la BI en la toma de decisiones de una organización?
   - **A.** Solo afecta a la alta dirección de una organización.
   - **B.** Influye en las decisiones a todos los niveles, desde la alta dirección hasta las operaciones diarias.
   - **C.** No tiene ningún impacto significativo en las decisiones operativas.

6. ¿Cómo ha evolucionado la Inteligencia de Negocio en el contexto empresarial moderno?
   - **A.** Se ha vuelto obsoleta debido a la falta de tecnología avanzada.
   - **B.** Ha evolucionado con la integración de la inteligencia artificial y el aprendizaje automático, haciendo la BI más accesible y poderosa.
   - **C.** Solo se aplica en pequeñas empresas con datos limitados.

ICB
EDITORES

UNIDAD

1.2. Pilares de la Inteligencia de Negocio

Contenido de la Unidad

ICB
EDITORES

1. Transformación de Datos en Información

1.1. Recopilación y Almacenamiento de Datos

La transformación de datos en información útil y accionable comienza con dos pasos fundamentales: la recopilación y el almacenamiento de datos. Estos pasos son cruciales porque garantizan que las organizaciones tengan acceso a datos precisos, completos y organizados de manera eficiente.

Recopilación de Datos

La recopilación de datos es el primer paso en el proceso de inteligencia de negocio (BI). Implica la obtención de datos de diversas fuentes, tanto internas como externas. Las fuentes internas pueden incluir sistemas de gestión de relaciones con clientes (CRM), sistemas de planificación de recursos empresariales (ERP), bases de datos de ventas, registros financieros, y más. Las fuentes externas pueden incluir redes sociales, informes de mercado, encuestas, y datos públicos.

Fuentes Internas

1. Sistemas de Gestión de Relaciones con Clientes (CRM): Proporcionan datos detallados sobre las interacciones con los clientes, incluyendo historial de compras, consultas y feedback.
2. Sistemas de Planificación de Recursos Empresariales (ERP): Contienen información integral sobre la gestión de recursos, finanzas, producción y otros aspectos operativos.
3. Bases de Datos de Ventas: Almacenan información sobre transacciones, productos vendidos, precios y descuentos.
4. Registros Financieros: Incluyen datos sobre ingresos, gastos, presupuestos y previsiones financieras.

Fuentes Externas

1. Redes Sociales: Ofrecen información sobre las opiniones y comportamientos de los consumidores.

2. Informes de Mercado: Proporcionan datos sobre tendencias del mercado, competencia y condiciones económicas.

3. Encuestas y Formularios: Recopilan datos directos de los clientes y partes interesadas.

4. Datos Públicos: Incluyen estadísticas gubernamentales, informes sectoriales y otras fuentes disponibles públicamente.

Almacenamiento de Datos

Una vez que los datos se han recopilado, deben ser almacenados de manera organizada y accesible. Aquí es donde entra en juego el datawarehouse (almacén de datos). Un datawarehouse es un repositorio centralizado diseñado para almacenar grandes volúmenes de datos de diferentes fuentes, estructurados de manera que faciliten el análisis y la toma de decisiones.

Características del Datawarehouse

1. Centralización: Almacena datos de múltiples fuentes en un solo lugar, proporcionando una visión integral de la información.

2. Estructuración: Organiza los datos en formatos coherentes y estandarizados, lo que facilita su análisis.

3. Accesibilidad: Permite el acceso rápido y eficiente a los datos para diversos usuarios y aplicaciones.

4. Escalabilidad: Puede crecer y adaptarse a medida que aumentan las necesidades de almacenamiento y procesamiento de datos de la organización.

Proceso de Almacenamiento

1. Extracción de Datos: Los datos se extraen de las fuentes originales utilizando herramientas de ETL (Extracción, Transformación y Carga). Este proceso asegura que se recojan todos los datos relevantes.
2. Transformación de Datos: Los datos extraídos se limpian y transforman para garantizar su calidad y coherencia. Esto incluye la eliminación de duplicados, la corrección de errores y la normalización de los formatos de datos.
3. Carga de Datos: Los datos transformados se cargan en el datawarehouse. Este proceso puede ser continuo (en tiempo real) o periódico (en lotes), dependiendo de las necesidades de la organización.

Importancia de la Recopilación y Almacenamiento de Datos

La recopilación y el almacenamiento efectivos de datos son fundamentales para cualquier iniciativa de BI. Sin datos precisos y bien organizados, el análisis y la toma de decisiones se ven comprometidos. Un datawarehouse bien diseñado proporciona una base sólida para todas las actividades de BI, asegurando que los usuarios tengan acceso a información confiable y oportuna.

La transformación de datos en información útil comienza con la recopilación sistemática y el almacenamiento eficiente de datos. Estos pasos aseguran que las organizaciones cuenten con una base sólida de información sobre la cual construir sus análisis y tomar decisiones estratégicas. En el siguiente punto, exploraremos cómo se procesan y limpian estos datos para garantizar su calidad y utilidad.

1.2. Procesamiento y Limpieza de Datos

Una vez que los datos han sido recopilados y almacenados, el siguiente paso crucial es el procesamiento y la limpieza de los datos. Este proceso asegura que los datos sean precisos, coherentes y adecuados para su análisis. Sin una limpieza y un procesamiento adecuados, los datos pueden contener errores, duplicados e inconsistencias que pueden afectar la calidad de las decisiones basadas en ellos.

Importancia del Procesamiento y Limpieza de Datos

La limpieza de datos es esencial porque los datos brutos a menudo contienen errores, valores faltantes y redundancias. El procesamiento adecuado de los datos garantiza que la información sea confiable y útil para el análisis. Este paso mejora la calidad de los datos y, en consecuencia, la calidad de las decisiones que se basan en ellos.

Pasos en el Procesamiento y Limpieza de Datos

1. Revisión y Validación de Datos:

   ⇨ Detección de Errores: Identificación de valores erróneos o inconsistentes dentro del conjunto de datos.

   ⇨ Verificación de la Integridad: Asegurarse de que los datos cumplan con las reglas y restricciones definidas, como formatos específicos y rangos de valores aceptables.

2. Eliminación de Duplicados:

   ⇨ Identificación de Registros Duplicados: Uso de técnicas de comparación para detectar registros duplicados en el conjunto de datos.

   ⇨ Consolidación de Datos: Eliminación de duplicados y consolidación de la información relevante en un solo registro.

3. Relleno de Valores Faltantes:

   ⇨ Análisis de Faltantes: Identificación de campos o registros con datos incompletos.

   ⇨ Relleno de Datos: Uso de métodos como la imputación (reemplazar valores faltantes con estimaciones) o la eliminación de registros incompletos si es necesario.

4. Normalización y Estandarización:

   ⇨ Consistencia de Formatos: Asegurar que todos los datos sigan un formato uniforme (por ejemplo, fechas, unidades de medida).

   ⇨ Transformación de Datos: Convertir los datos a un formato estándar que facilite su análisis.

5. Corrección de Errores:

⇨ Rectificación de Datos Incorrectos: Corrección manual o automática de datos erróneos identificados durante la revisión.

⇨ Automatización de la Corrección: Implementación de reglas automáticas para corregir errores comunes.

Herramientas y Técnicas para la Limpieza de Datos

1. Herramientas de ETL (Extracción, Transformación y Carga):

⇨ Funcionalidades de Limpieza: Herramientas como Talend, Informatica y Microsoft SQL Server Integration Services (SSIS) ofrecen capacidades integradas para la limpieza de datos durante el proceso de ETL.

⇨ Automatización de Procesos: Permiten la automatización de tareas repetitivas de limpieza, mejorando la eficiencia y reduciendo el riesgo de errores humanos.

2. Lenguajes de Programación y Scripts:

⇨ Python y R: Ambos lenguajes son ampliamente utilizados para la limpieza y el procesamiento de datos gracias a sus bibliotecas específicas como Pandas (Python) y dplyr (R).

⇨ SQL: Lenguaje de consulta estructurado que permite la manipulación y limpieza de datos directamente en bases de datos relacionales.

3. Software de BI y Análisis:

⇨ Power BI y Tableau: Ofrecen funcionalidades para la transformación y limpieza de datos dentro de sus plataformas de visualización.

⇨ OpenRefine: Herramienta específica para la limpieza y transformación de datos, especialmente útil para conjuntos de datos complejos.

Beneficios del Procesamiento y Limpieza de Datos

1. Precisión y Confiabilidad: Datos limpios y bien procesados son más precisos y confiables, lo que se traduce en análisis y decisiones más acertadas.

2. Eficiencia en el Análisis: Datos bien estructurados y sin errores permiten un análisis más rápido y eficiente, reduciendo el tiempo necesario para preparar la información.

3. Mejor Toma de Decisiones: Información de alta calidad facilita la toma de decisiones informadas y estratégicas, lo que puede mejorar significativamente los resultados empresariales.

El procesamiento y la limpieza de datos son pasos críticos en la transformación de datos en información valiosa. Este proceso asegura que los datos sean precisos, coherentes y adecuados para su análisis, lo que a su vez mejora la calidad de las decisiones basadas en ellos. En el siguiente punto, abordaremos cómo se analizan y visualizan estos datos para extraer insights significativos y facilitar la toma de decisiones.

1.3. Análisis y Visualización de Datos

Una vez que los datos han sido recopilados, almacenados y limpiados, el siguiente paso en la transformación de datos en información es el análisis y la visualización de datos. Este proceso permite a las organizaciones extraer insights significativos de sus datos y presentarlos de una manera que sea fácil de entender y utilizar para la toma de decisiones.

Análisis de Datos

El análisis de datos implica examinar los datos para descubrir patrones, relaciones y tendencias que puedan proporcionar información valiosa sobre el negocio. Existen varias técnicas y herramientas que se pueden utilizar para el análisis de datos:

1. Análisis Descriptivo:

   ⇨ Propósito: Resumir y describir las características principales de los datos.

   ⇨ Técnicas: Estadísticas descriptivas como medias, medianas, desviaciones estándar, y frecuencias.

   ⇨ Herramientas: Microsoft Excel, SPSS, SAS.

2. Análisis Diagnóstico:

⇨ Propósito: Entender las causas subyacentes de los eventos y comportamientos observados en los datos.

⇨ Técnicas: Análisis de correlación, regresión y segmentación.

⇨ Herramientas: R, Python, herramientas de BI con capacidades de análisis avanzado.

3. Análisis Predictivo:

⇨ Propósito: Utilizar datos históricos y modelos estadísticos para prever futuros eventos y tendencias.

⇨ Técnicas: Modelos de regresión, análisis de series temporales, y aprendizaje automático.

⇨ Herramientas: IBM Watson, SAS, herramientas de machine learning en Python (scikit-learn, TensorFlow).

4. Análisis Prescriptivo:

⇨ Propósito: Sugerir acciones basadas en el análisis predictivo para optimizar los resultados.

⇨ Técnicas: Modelos de optimización, simulaciones y algoritmos de decisión.

⇨ Herramientas: MATLAB, herramientas de optimización en Python.

Visualización de Datos

La visualización de datos es el proceso de representar los datos analizados en formatos gráficos que faciliten su comprensión y análisis. Una visualización efectiva puede transformar datos complejos en gráficos y tablas que sean intuitivos y fáciles de interpretar. Aquí se destacan algunas técnicas y herramientas clave:

1. Técnicas de Visualización:

⇨ Gráficos de Barras y Columnas: Útiles para comparar diferentes categorías o mostrar cambios a lo largo del tiempo.

⇨ Gráficos de Líneas: Ideales para mostrar tendencias y patrones en series temporales.

- ⇨ Gráficos de Dispersión: Efectivos para mostrar relaciones y correlaciones entre variables.
- ⇨ Diagramas de Pastel: Útiles para representar proporciones y partes de un todo.
- ⇨ Mapas de Calor: Útiles para mostrar la densidad y la intensidad de los datos en un área geográfica o una matriz.
- ⇨ Tablas Dinámicas: Permiten la exploración interactiva de grandes conjuntos de datos.

2. Herramientas de Visualización:

- ⇨ Power BI: Una herramienta de Microsoft que permite la creación de dashboards interactivos y visualizaciones personalizadas.
- ⇨ Tableau: Conocida por sus capacidades avanzadas de visualización y facilidad de uso para crear gráficos interactivos.
- ⇨ Google Data Studio: Una herramienta gratuita que permite conectar, visualizar y compartir datos fácilmente.
- ⇨ D3.js: Una biblioteca de JavaScript para producir visualizaciones de datos dinámicas e interactivas en navegadores web.

Beneficios del Análisis y la Visualización de Datos

1. Comprensión Profunda: El análisis de datos proporciona una comprensión profunda de los patrones y tendencias subyacentes, permitiendo a las organizaciones tomar decisiones basadas en evidencia.
2. Toma de Decisiones Informadas: Las visualizaciones claras y concisas facilitan la interpretación de los datos, lo que ayuda a los tomadores de decisiones a entender rápidamente la información y actuar en consecuencia.
3. Identificación de Oportunidades: El análisis predictivo puede revelar oportunidades de negocio que no son evidentes a simple vista, permitiendo

a las organizaciones adelantarse a la competencia.

4. Monitoreo y Evaluación: Los dashboards y las visualizaciones en tiempo real permiten a las organizaciones monitorear el rendimiento y evaluar el impacto de sus decisiones de manera continua.

Ejemplos Prácticos de Análisis y Visualización

1. Análisis de Ventas: Utilizar gráficos de líneas y barras para analizar las tendencias de ventas mensuales y trimestrales, identificando productos con mejor y peor desempeño.

2. Segmentación de Clientes: Utilizar gráficos de dispersión y mapas de calor para segmentar clientes en función de sus comportamientos de compra, lo que facilita la personalización de campañas de marketing.

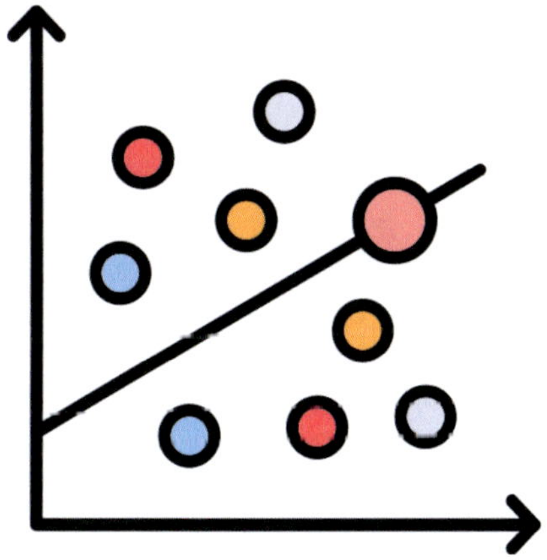

3. Monitoreo Financiero: Utilizar dashboards interactivos para monitorear indicadores financieros clave, como ingresos, gastos y márgenes de beneficio, en tiempo real.

4. Optimización de Operaciones: Utilizar análisis prescriptivo y simulaciones para optimizar la cadena de suministro y reducir costos operativos.

El análisis y la visualización de datos son pasos críticos en la transformación de datos en información valiosa. Estos procesos permiten a las organizaciones descubrir insights significativos, comunicar información de manera efectiva y tomar decisiones informadas que impulsan el éxito empresarial. Con herramientas y técnicas adecuadas, el análisis y la visualización de datos pueden convertir datos complejos en información accesible y accionable para toda la organización.

RESUMEN

La **Inteligencia de Negocio (BI)** se basa en pilares fundamentales que permiten transformar datos brutos en información útil para la toma de decisiones. Este proceso comienza con la **recopilación de datos,** que pueden provenir de fuentes internas como sistemas de gestión de relaciones con clientes (CRM) y sistemas de planificación de recursos empresariales (ERP), o de fuentes externas como redes sociales, informes de mercado y encuestas. Estos datos se almacenan en **data warehouses**, que centralizan y estructuran la información para facilitar su análisis.

Una vez recopilados, los datos deben ser sometidos a un proceso de **limpieza y procesamiento**, que asegura la precisión y coherencia de la información. Esto incluye la eliminación de duplicados, corrección de errores y normalización de los formatos. Herramientas como ETL, Python y SQL ayudan a automatizar y mejorar la calidad del procesamiento de datos, lo que aumenta la confiabilidad para su posterior análisis.

El siguiente paso es el **análisis de los datos**, que puede adoptar varias formas:

- **Descriptivo**, que resume los datos y muestra las características principales.
- **Diagnóstico**, que busca entender las causas detrás de los eventos observados.
- **Predictivo**, que utiliza datos históricos para prever tendencias futuras.
- **Prescriptivo**, que ofrece recomendaciones de acciones basadas en los análisis anteriores.

Después del análisis, la **visualización de datos** se vuelve crucial para comunicar la información de manera efectiva. Herramientas como **Power BI y Tableau** permiten crear gráficos, dashboards y reportes interactivos que ayudan a los usuarios a interpretar y utilizar la información de manera intuitiva para tomar decisiones.

Finalmente, la **aplicación práctica** de estos procesos se manifiesta en áreas clave como el análisis de ventas, la segmentación de clientes, el monitoreo financiero y la optimización de operaciones. Esto permite a las organizaciones mejorar su eficiencia, detectar nuevas oportunidades y tomar decisiones más informadas que contribuyen al éxito empresarial.

AUTOEVALUACIÓN

1. ¿Cuál es el primer paso para transformar datos en información útil en un sistema de BI?
   - **A.** La limpieza de los datos.
   - **B.** La visualización de los datos.
   - **C.** La recopilación y almacenamiento de los datos.

2. ¿Qué tipo de sistemas proporcionan datos internos para un datawarehouse?
   - **A.** Redes sociales.
   - **B.** Sistemas CRM y ERP.
   - **C.** Informes de mercado.

3. ¿Cuál es el propósito principal del proceso de ETL en un datawarehouse?
   - **A.** Visualizar datos complejos en gráficos y tablas.
   - **B.** Extraer, transformar y cargar datos desde diversas fuentes.
   - **C.** Eliminar datos redundantes del sistema de BI.

4. ¿Por qué es importante el proceso de limpieza de datos en BI?
   - **A.** Para que los datos se almacenen en menos espacio.
   - **B.** Para asegurar la precisión y calidad de los datos antes del análisis.
   - **C.** Para permitir que cualquier tipo de dato sea aceptado sin cambios.

5. ¿Qué herramienta se utiliza para la visualización de datos en el proceso de BI?
   - **A.** Power BI.
   - **B.** SQL Server.
   - **C.** ETL.

6. ¿Cuál es uno de los principales desafíos en la recopilación de datos para un datawarehouse?
   - **A.** El uso de gráficos de líneas para representar datos.
   - **B.** La integración y calidad de los datos provenientes de diversas fuentes.
   - **C.** La creación de informes financieros.

UNIDAD

1.3. Datawarehouse

Contenido de la Unidad

ICB
EDITORES

1. Introducción al Datawarehouse

El concepto de datawarehouse, o almacén de datos, es fundamental en el ámbito de la inteligencia de negocio (BI). Un datawarehouse es un repositorio centralizado que almacena grandes volúmenes de datos provenientes de diversas fuentes. Estos datos están estructurados y organizados de manera que faciliten su análisis y consulta, permitiendo a las organizaciones obtener insights valiosos y tomar decisiones informadas.

Definición de Datawarehouse

Un datawarehouse es una base de datos especializada que se diseña para la consulta y análisis de grandes conjuntos de datos. A diferencia de las bases de datos transaccionales, que están optimizadas para operaciones de lectura y escritura rápidas, los datawarehouses están optimizados para la lectura eficiente de datos, permitiendo la ejecución de consultas complejas y el análisis de tendencias a largo plazo.

Características del Datawarehouse

1. Integración de Datos: Los datawarehouses integran datos de múltiples fuentes heterogéneas, como sistemas de planificación de recursos empresariales (ERP), sistemas de gestión de relaciones con clientes (CRM), bases de datos transaccionales y fuentes externas. Esta integración proporciona una visión unificada de la información empresarial.

2. Consolidación de Datos: Al consolidar datos de diferentes sistemas, un datawarehouse elimina la redundancia y garantiza la consistencia de la información. Los datos se transforman y limpian durante el proceso de carga para asegurar su calidad y coherencia.

3. Almacenamiento Histórico: Los datawarehouses almacenan datos históricos, lo que permite a las organizaciones analizar tendencias y patrones a lo largo del tiempo. Esta capacidad es crucial para la planificación estratégica y la toma de decisiones basadas en datos históricos.

4. Optimización para Consultas: Diseñados específicamente para el análisis de datos, los datawarehouses permiten la ejecución eficiente de consultas

complejas. Están optimizados para operaciones de lectura intensiva, lo que facilita la obtención de insights a partir de grandes volúmenes de datos.

5. Escalabilidad: Los datawarehouses son escalables, lo que significa que pueden crecer y adaptarse a medida que aumentan las necesidades de almacenamiento y procesamiento de datos de la organización. Esta escalabilidad asegura que el sistema pueda manejar el crecimiento de datos y la creciente demanda de análisis.

Características del Datawarehouse

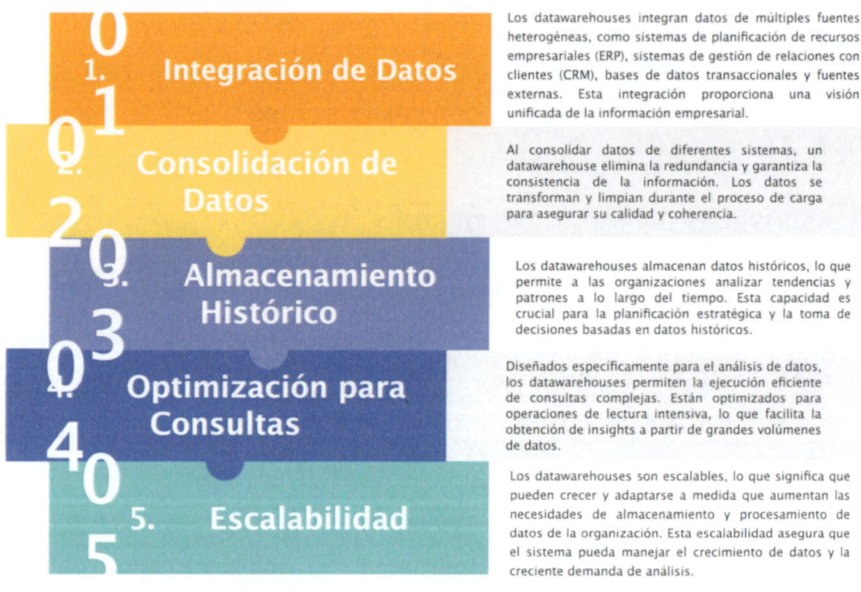

Importancia del Datawarehouse en la BI

El datawarehouse juega un papel crucial en la inteligencia de negocio al proporcionar una plataforma robusta para la integración, almacenamiento y análisis de datos. Algunos de los beneficios clave de implementar un datawarehouse incluyen:

1. Mejora de la Toma de Decisiones: Al proporcionar acceso a datos precisos y consolidados, un datawarehouse permite a los líderes empresariales

tomar decisiones informadas basadas en una visión integral del negocio.

2. Eficiencia Operativa: La consolidación de datos en un datawarehouse elimina la necesidad de acceder a múltiples sistemas y bases de datos, lo que mejora la eficiencia operativa y reduce el tiempo necesario para obtener información.

3. Análisis Avanzado: Los datawarehouses soportan el análisis avanzado de datos, incluyendo la minería de datos, el análisis predictivo y el modelado estadístico. Estas capacidades avanzadas permiten a las organizaciones identificar patrones ocultos y prever futuros eventos.

4. Monitoreo y Reportes: Con un datawarehouse, las organizaciones pueden crear dashboards interactivos y reportes detallados que facilitan el monitoreo continuo del rendimiento y la generación de insights accionables.

Componentes de un Datawarehouse

Un datawarehouse consta de varios componentes esenciales que trabajan en conjunto para proporcionar una solución completa de almacenamiento y análisis de datos. Estos componentes incluyen:

1. Fuentes de Datos: Los sistemas de origen que proporcionan los datos al datawarehouse. Estas fuentes pueden ser internas (ERP, CRM) o externas (redes sociales, datos públicos).

2. Proceso de ETL (Extracción, Transformación y Carga): El conjunto de procesos que extraen datos de las fuentes, los transforman para asegurar su calidad y consistencia, y los cargan en el datawarehouse.

3. Almacén de Datos: La base de datos centralizada donde se almacenan los datos integrados y consolidados. Esta base de datos está diseñada para soportar consultas y análisis eficientes.

4. Herramientas de BI: Las aplicaciones y herramientas que permiten a los usuarios finales acceder, analizar y visualizar los datos almacenados en el datawarehouse. Estas herramientas incluyen dashboards, reportes, y plataformas de análisis.

Un datawarehouse es una pieza fundamental en cualquier arquitectura de inteligencia de negocio. Proporciona una base sólida para la recopilación, integración, almacenamiento y análisis de datos, permitiendo a las organizaciones transformar grandes volúmenes de datos en información valiosa y accionable. En los próximos apartados, exploraremos en detalle los orígenes de los datos, el almacenamiento de datos y el proceso de ETL (Extracción, Transformación y Carga), que son componentes críticos en la implementación y operación de un datawarehouse.

1.1. Origen de los datos

El origen de los datos es un aspecto fundamental en la construcción de un datawarehouse. Comprender de dónde provienen los datos es crucial para garantizar la calidad, la integridad y la utilidad de la información almacenada. Los datos pueden ser obtenidos de diversas fuentes, cada una con sus características específicas y desafíos. En esta sección, exploraremos en detalle las principales fuentes de datos que alimentan un datawarehouse, las técnicas utilizadas para la recopilación de datos y los desafíos asociados a este proceso.

Fuentes de Datos

Los datos que alimentan un datawarehouse provienen de múltiples fuentes, tanto internas como externas a la organización. Estas fuentes pueden ser clasificadas en varias categorías:

Fuentes Internas

1. Sistemas de Gestión de Relaciones con Clientes (CRM):
   - ⇨ Los sistemas CRM almacenan información detallada sobre las interacciones con los clientes, incluyendo historial de compras, consultas, quejas y preferencias.
   - ⇨ Estos datos son valiosos para analizar el comportamiento del cliente, segmentar mercados y personalizar estrategias de marketing.
2. Sistemas de Planificación de Recursos Empresariales (ERP):
   - ⇨ Los sistemas ERP integran datos de diversos departamentos, como

finanzas, recursos humanos, producción, ventas y logística.

⇨ Proporcionan una visión holística de las operaciones internas y son esenciales para la planificación y la optimización de recursos.

3. Bases de Datos Transaccionales:

⇨ Incluyen sistemas de punto de venta (POS), sistemas de gestión de inventarios, sistemas de facturación, entre otros.

⇨ Estos sistemas capturan datos sobre transacciones diarias y son cruciales para el análisis de ventas, la gestión de inventarios y el control financiero.

4. Hojas de Cálculo y Documentos Locales:

⇨ Muchas organizaciones todavía dependen de hojas de cálculo (como Excel) y documentos locales para almacenar datos críticos.

⇨ Aunque menos estructurados, estos datos pueden contener información valiosa y deben ser integrados en el datawarehouse.

Fuentes Externas

1. Redes Sociales:

⇨ Las plataformas de redes sociales como Facebook, Twitter, LinkedIn y Instagram proporcionan datos sobre las opiniones y comportamientos de los usuarios.

⇨ Estos datos son útiles para el análisis de sentimientos, la monitorización de la marca y la identificación de tendencias del mercado.

2. Informes de Mercado y Estudios de Investigación:

⇨ Proporcionan datos sobre tendencias del mercado, análisis de la competencia y condiciones económicas.

⇨ Estas fuentes son esenciales para la planificación estratégica y la toma de decisiones basadas en el mercado.

3. Datos Públicos y Gubernamentales:

- ⇨ Incluyen estadísticas demográficas, informes económicos, datos de censos y otras publicaciones gubernamentales.
- ⇨ Estos datos pueden complementar la información interna y proporcionar un contexto más amplio para el análisis.

4. Datos de Terceros:
   - ⇨ Proveedores de datos especializados que venden información sectorial, financiera, y de comportamiento del consumidor.
   - ⇨ Estos datos pueden ser adquiridos para enriquecer los análisis y obtener insights adicionales.

Técnicas de Recopilación de Datos

La recopilación de datos de diversas fuentes implica el uso de varias técnicas y herramientas para garantizar que los datos sean precisos, completos y relevantes. Algunas de las técnicas más comunes incluyen:

1. Extracción de Datos:
   - ⇨ ETL (Extracción, Transformación y Carga): Una de las técnicas más comunes para la extracción de datos. Implica extraer datos de diversas fuentes, transformarlos para asegurar su calidad y coherencia, y cargarlos en el datawarehouse.
   - ⇨ APIs (Interfaces de Programación de Aplicaciones): Permiten la extracción de datos de aplicaciones web y servicios en la nube mediante llamadas programáticas.
   - ⇨ Scraping Web: Técnica utilizada para extraer datos de sitios web mediante scripts automatizados. Es útil para recopilar datos de fuentes que no proporcionan APIs.
2. Integración de Datos:
   - ⇨ Middleware: Software que actúa como intermediario entre diferentes sistemas y aplicaciones, facilitando la integración y el intercambio de datos.
   - ⇨ Conectores y Adaptadores: Herramientas que permiten conectar

diferentes sistemas y bases de datos, asegurando la transferencia de datos sin problemas.

3. Transformación de Datos:

   ⇨ Limpieza de Datos: Proceso de identificar y corregir errores, duplicados y valores faltantes en los datos.

   ⇨ Normalización: Estandarización de los formatos de datos para asegurar la coherencia y facilitar el análisis.

   ⇨ Enriquecimiento de Datos: Complementar los datos con información adicional para proporcionar un contexto más completo y detallado.

4. Carga de Datos:

   ⇨ Carga Completa: Transferencia de todos los datos de las fuentes al datawarehouse en una sola operación. Utilizada principalmente en la inicialización del datawarehouse.

   ⇨ Carga Incremental: Transferencia de solo los datos nuevos o modificados desde la última carga. Es más eficiente y reduce el tiempo de procesamiento.

Desafíos en la Recopilación de Datos

La recopilación de datos para un datawarehouse presenta varios desafíos que deben ser abordados para asegurar la calidad y la utilidad de la información:

1. Calidad de los Datos:

   ⇨ Los datos provenientes de diferentes fuentes pueden variar en precisión, completitud y actualidad.

   ⇨ Es crucial implementar procesos robustos de limpieza y validación de datos para garantizar su calidad.

2. Integración de Datos:

   ⇨ La integración de datos de múltiples fuentes puede ser compleja debido a diferencias en formatos, estructuras y sistemas.

- ⇨ Las herramientas de ETL y middleware pueden facilitar la integración, pero requieren una configuración y mantenimiento adecuados.

3. Seguridad y Privacidad:

   - ⇨ La recopilación y almacenamiento de datos deben cumplir con las regulaciones de privacidad y protección de datos, como el GDPR.
   - ⇨ Es esencial implementar medidas de seguridad robustas para proteger los datos sensibles de accesos no autorizados y brechas de seguridad.

4. Volumen y Velocidad de los Datos:

   - ⇨ Con el crecimiento exponencial de los datos, las organizaciones deben ser capaces de manejar grandes volúmenes de datos en tiempo real.
   - ⇨ Las soluciones de big data y las arquitecturas escalables son cruciales para gestionar estos desafíos.

5. Consistencia y Coherencia:

   - ⇨ Los datos provenientes de diferentes fuentes deben ser consistentes y coherentes para facilitar su análisis y asegurar conclusiones precisas.
   - ⇨ La normalización y la estandarización de datos son pasos críticos en este proceso.

Importancia del Origen de los Datos

Entender el origen de los datos es fundamental para construir un datawarehouse efectivo. Los datos de calidad y bien integrados proporcionan una base sólida para el análisis y la toma de decisiones. Al conocer las fuentes de los datos y los métodos utilizados para su recopilación, las organizaciones pueden asegurar la integridad y la relevancia de la información almacenada en el datawarehouse.

El origen de los datos es un aspecto crítico en la construcción de un datawarehouse. Los datos deben ser recopilados de diversas fuentes internas y externas, utilizando técnicas adecuadas para garantizar su calidad e integridad. Abordar los desafíos asociados a la recopilación de datos es esencial para construir una base de datos sólida y confiable que apoye el análisis y la toma de decisiones empresariales. En las próximas secciones, exploraremos en detalle el almacenamiento de datos y el proceso de ETL, que son componentes clave en la implementación y operación de un datawarehouse.

Ejemplos Detallados de Origen de Datos en Contexto

Para ilustrar mejor el origen de los datos, aquí se presentan algunos ejemplos detallados en contextos específicos:

1. Retail (Comercio Minorista):
   - ⇨ Fuentes de Datos:
     - ➤ Sistemas POS: Datos de transacciones en tienda.
     - ➤ Sistemas de Inventario: Datos de niveles de stock y movimientos de inventario.
     - ➤ CRM: Datos de fidelización de clientes y programas de recompensas.
     - ➤ Redes Sociales: Opiniones y comentarios de clientes sobre productos y servicios.
   - ⇨ Aplicación en Datawarehouse:
     - ➤ Integrar datos de ventas, inventario y clientes para analizar patrones de compra, gestionar inventarios de manera eficiente y personalizar ofertas para clientes.
2. Salud:
   - ⇨ Fuentes de Datos:
     - ➤ Historias Clínicas Electrónicas (EHR): Datos de pacientes, diagnósticos, tratamientos y resultados.
     - ➤ Sistemas de Gestión Hospitalaria: Datos administrativos y operacionales.
     - ➤ Dispositivos Médicos: Datos generados por dispositivos médicos y wearables.

- Estudios Clínicos: Datos de investigaciones y ensayos clínicos.

⇨ Aplicación en Datawarehouse:

- Unificar datos clínicos y administrativos para mejorar la calidad de la atención, optimizar operaciones y apoyar la investigación médica.

3. Finanzas:

⇨ Fuentes de Datos:

- Sistemas de Gestión Financiera: Datos de ingresos, gastos, activos y pasivos.
- Mercados Financieros: Datos de cotizaciones bursátiles y transacciones financieras.
- Registros Contables: Datos de contabilidad y auditoría.
- Indicadores Económicos: Datos macroeconómicos y de mercado.

⇨ Aplicación en Datawarehouse:

- Consolidar datos financieros y de mercado para análisis de rendimiento, gestión de riesgos y planificación estratégica.

En cada uno de estos contextos, la recopilación, integración y análisis de datos de diversas fuentes permiten a las organizaciones tomar decisiones informadas y estratégicas que impulsan el éxito y la eficiencia.

1.2. Almacenamiento de Datos

El almacenamiento de datos es un componente crucial en la arquitectura de un datawarehouse. Implica no solo el acto de guardar datos, sino también la organización, optimización y seguridad de estos datos para asegurar su accesibilidad y utilidad en el análisis de negocio. A continuación, exploraremos en detalle los distintos aspectos del almacenamiento de datos, incluidos los tipos de almacenamiento, las técnicas de organización, la seguridad y las mejores prácticas.

Tipos de Almacenamiento de Datos

El almacenamiento de datos puede clasificarse en varias categorías, cada una con sus ventajas y desafíos específicos:

1. Data Warehouses (Almacenes de Datos):

   ⇨ Descripción: Los data warehouses son bases de datos especializadas diseñadas para la consulta y el análisis de grandes volúmenes de datos. Están optimizados para operaciones de lectura intensiva y son el núcleo de cualquier sistema de BI.

   ⇨ Características: Estructurados, integrados, no volátiles y orientados a temas específicos.

   ⇨ Ejemplo: Un data warehouse puede almacenar datos históricos de ventas, permitiendo a los analistas comparar el rendimiento anual y detectar tendencias a largo plazo.

2. Data Lakes (Lagos de Datos):

   ⇨ Descripción: Los data lakes son repositorios de almacenamiento que pueden contener datos en su formato original, ya sean estructurados, semi-estructurados o no estructurados. Son ideales para el almacenamiento masivo de datos brutos y no transformados.

   ⇨ Características: Flexibles, escalables, y capaces de almacenar grandes volúmenes de datos variados.

   ⇨ Ejemplo: Un data lake puede almacenar datos de sensores IoT, logs de servidores web y archivos de audio para su posterior procesamiento y análisis.

3. Data Marts:

   ⇨ Descripción: Los data marts son subconjuntos de data warehouses centrados en áreas específicas del negocio, como ventas, finanzas o marketing. Son más pequeños y se enfocan en necesidades específicas de análisis.

   ⇨ Características: Rápidos de implementar, orientados a un departamento o función específica.

- Ejemplo: Un data mart de marketing puede contener datos sobre campañas publicitarias, segmentos de clientes y conversiones para análisis específicos de marketing.

4. Bases de Datos Operacionales:

   - Descripción: Estas bases de datos soportan las operaciones diarias de una organización y están optimizadas para operaciones de lectura y escritura rápidas.
   - Características: Actualizadas en tiempo real, transaccionales, y con un enfoque en la integridad y consistencia de los datos.
   - Ejemplo: Un sistema de gestión de inventarios que registra cada movimiento de stock en tiempo real es una base de datos operacional.

Técnicas de Organización de Datos

La organización de datos en un datawarehouse es esencial para asegurar la eficiencia y la efectividad en el análisis. Existen varias técnicas y metodologías utilizadas para estructurar y organizar los datos:

1. Modelado Dimensional:

   - Descripción: Una técnica de diseño que estructura los datos en dimensiones y hechos para facilitar la consulta y el análisis. Las dimensiones proporcionan contexto a los hechos, que son los datos medibles.
   - Elementos Clave:
     - Tabla de Hechos: Contiene datos cuantitativos y medibles, como ventas, ingresos, o unidades vendidas.
     - Tablas de Dimensiones: Proporcionan contexto a las medidas de la tabla de hechos, como tiempo, productos, o ubicaciones.
   - Ejemplo: Una tabla de hechos puede registrar cada transacción de venta, mientras que las tablas de dimensiones pueden contener detalles sobre los productos vendidos, los clientes que compraron y las fechas de las transacciones.

2. Modelos de Esquema de Estrella y Copo de Nieve:

  ⇨ Esquema de Estrella:

    - Descripción: Un modelo de base de datos en el que una única tabla de hechos está rodeada por múltiples tablas de dimensiones, formando una estructura similar a una estrella.
    - Ventajas: Simplifica las consultas y mejora el rendimiento en el acceso a los datos.
    - Ejemplo: Un esquema de estrella en un datawarehouse de ventas puede tener una tabla de hechos de ventas y tablas de dimensiones para tiempo, producto y cliente.

  ⇨ Esquema de Copo de Nieve:

    - Descripción: Una variante del esquema de estrella en la que las tablas de dimensiones están normalizadas en sub-tablas, creando una estructura más compleja y detallada.
    - Ventajas: Reduce la redundancia y mejora la integridad de los datos, aunque puede hacer las consultas más complejas.
    - Ejemplo: En el mismo datawarehouse de ventas, una dimensión de producto puede estar normalizada en sub-tablas para categoría de producto, fabricante, y especificaciones del producto.

3. Particionamiento de Datos:

  ⇨ Descripción: La técnica de dividir grandes tablas de base de datos en partes más pequeñas y manejables llamadas particiones.

  ⇨ Tipos de Particionamiento:

    - Particionamiento Horizontal: Divide los datos en filas, útil para separar datos antiguos de datos recientes.
    - Particionamiento Vertical: Divide los datos en columnas, útil para aislar datos sensibles o de acceso frecuente.

  ⇨ Ejemplo: Un datawarehouse puede particionar datos de ventas por año, facilitando el acceso rápido a datos recientes y mejorando el rendimiento de consultas históricas.

4. Indexación de Datos:

   ⇨ Descripción: Creación de índices en las tablas de base de datos para acelerar las consultas y mejorar el rendimiento del acceso a los datos.

   ⇨ Tipos de Índices:

   - Índices Clustered: Reorganizan los registros de la tabla para coincidir con el índice, optimizando el acceso a los datos en orden específico.

   - Índices Non-clustered: Crean una estructura separada que apunta a los registros de la tabla, útil para consultas rápidas sin reorganizar los datos.

   ⇨ Ejemplo: Crear un índice en una tabla de transacciones basado en la fecha de la transacción puede acelerar las consultas que filtran datos por períodos específicos.

Seguridad y Privacidad en el Almacenamiento de Datos

La seguridad y la privacidad de los datos son consideraciones críticas en el almacenamiento de datos. Con el aumento de las regulaciones de protección de datos y las amenazas cibernéticas, es esencial implementar medidas robustas para proteger la información almacenada en el datawarehouse.

1. Cifrado de Datos:

   ⇨ Descripción: Proceso de convertir los datos en un formato ininteligible para protegerlos contra el acceso no autorizado.

   ⇨ Tipos de Cifrado:

   - Cifrado en Reposo: Protege los datos almacenados en discos y otros medios de almacenamiento.

   - Cifrado en Tránsito: Protege los datos mientras se transmiten entre sistemas y redes.

- ⇨ Ejemplo: Utilizar protocolos de cifrado como AES (Advanced Encryption Standard) para asegurar que los datos sensibles, como información de clientes, estén protegidos tanto en reposo como en tránsito.

2. Control de Acceso:

- ⇨ Descripción: Implementación de políticas y mecanismos para asegurar que solo los usuarios autorizados puedan acceder a los datos.
- ⇨ Métodos de Control de Acceso:
  - ➤ Autenticación: Verificación de la identidad del usuario mediante contraseñas, tokens de seguridad o biometría.
  - ➤ Autorización: Determinación de los permisos y privilegios de acceso de cada usuario.
  - ➤ Auditoría: Registro y monitoreo de las actividades de los usuarios para detectar y prevenir accesos no autorizados.
- ⇨ Ejemplo: Configurar roles y permisos en el datawarehouse para asegurar que solo los administradores puedan modificar los datos, mientras que los analistas pueden solo leer y consultar la información.

3. Cumplimiento de Normativas:

- ⇨ Descripción: Asegurar que el almacenamiento y manejo de datos cumpla con las leyes y regulaciones aplicables.
- ⇨ Regulaciones Comunes:
  - ➤ GDPR (Reglamento General de Protección de Datos): Regulación de la UE que protege los datos personales de los ciudadanos europeos.
  - ➤ HIPAA (Ley de Portabilidad y Responsabilidad del Seguro de Salud): Regulación de EE.UU. que protege la información de salud.
  - ➤ CCPA (Ley de Privacidad del Consumidor de California): Regulación de EE.UU. que protege los datos personales de los residentes de California.

⇨ Ejemplo: Implementar procedimientos de anonimización de datos y obtener el consentimiento explícito de los usuarios antes de recolectar y almacenar sus datos personales.

Mejores Prácticas para el Almacenamiento de Datos

Implementar mejores prácticas en el almacenamiento de datos ayuda a asegurar la eficiencia, la seguridad y la calidad de los datos en el datawarehouse. Algunas de estas prácticas incluyen:

1. Diseño de Esquemas Optimizados:

⇨ Descripción: Diseñar esquemas de base de datos bien estructurados y normalizados para mejorar el rendimiento y la integridad de los datos.

⇨ Ejemplo: Utilizar modelos de esquema de estrella o copo de nieve según la complejidad y las necesidades de análisis del negocio.

2. Implementación de Estrategias de Backup y Recuperación:

⇨ Descripción: Establecer procedimientos de copia de seguridad y recuperación de datos para proteger contra la pérdida de datos.

⇨ Ejemplo: Realizar copias de seguridad diarias y mantener una estrategia de recuperación ante desastres para minimizar el tiempo de inactividad en caso de fallos del sistema.

3. Monitoreo y Mantenimiento Continuo:

⇨ Descripción: Monitorear y mantener el datawarehouse de manera continua para asegurar su rendimiento y disponibilidad.

⇨ Ejemplo: Utilizar herramientas de monitoreo para detectar y resolver problemas de rendimiento y realizar mantenimientos regulares para optimizar la base de datos.

4. Documentación Detallada:

⇨ Descripción: Mantener documentación detallada de la arquitectura, los procesos y las políticas del datawarehouse para facilitar la gestión y el mantenimiento.

⇨ Ejemplo: Documentar el diseño de esquemas, los procedimientos de ETL, las políticas de seguridad y los roles y permisos de los usuarios.

Futuro del Almacenamiento de Datos

El almacenamiento de datos continúa evolucionando con avances tecnológicos y cambios en las necesidades empresariales. Algunas tendencias emergentes incluyen:

1. Almacenamiento en la Nube:

    ⇨ Descripción: Utilización de servicios de almacenamiento en la nube para escalabilidad, flexibilidad y reducción de costos.

    ⇨ Ejemplo: Empresas utilizando servicios como Amazon Redshift, Google BigQuery y Microsoft Azure SQL Data Warehouse para almacenar y procesar grandes volúmenes de datos en la nube.

2. Big Data y Almacenamiento Distribuido:

    ⇨ Descripción: Implementación de tecnologías de big data y almacenamiento distribuido para manejar volúmenes masivos de datos a alta velocidad.

    ⇨ Ejemplo: Utilizar sistemas de archivos distribuidos como Hadoop HDFS y plataformas de procesamiento como Apache Spark para almacenar y analizar grandes conjuntos de datos.

3. Inteligencia Artificial y Machine Learning:

    ⇨ Descripción: Integración de inteligencia artificial y machine learning en el almacenamiento de datos para mejorar el análisis y la toma de decisiones.

    ⇨ Ejemplo: Utilizar algoritmos de machine learning para detectar anomalías en los datos y predecir tendencias futuras basadas en patrones históricos.

El almacenamiento de datos es un pilar fundamental en la arquitectura de un datawarehouse. Asegurar una organización eficiente, implementar medidas de seguridad robustas y seguir mejores prácticas son esenciales para maximizar el valor de los datos y apoyar la toma de decisiones informadas en la organización. El futuro del almacenamiento de datos promete ser aún más dinámico y poderoso, con avances tecnológicos que continúan ampliando las capacidades y posibilidades de los datawarehouses.

1.3. ETL (Extracción, Transformación y Carga)

El proceso de ETL, que significa Extracción, Transformación y Carga, es fundamental en la gestión de datos dentro de un datawarehouse. Este proceso asegura que los datos se recopilen de diversas fuentes, se limpien y transformen adecuadamente, y se carguen en el datawarehouse para su análisis y uso posterior. En esta sección, exploraremos en detalle cada fase del proceso ETL, las herramientas y tecnologías utilizadas, los desafíos comunes y las mejores prácticas.

Fases del Proceso ETL

El proceso ETL se divide en tres fases principales: extracción, transformación y carga. Cada fase tiene sus propias tareas y objetivos específicos.

1. Extracción

La fase de extracción implica la recopilación de datos de diversas fuentes internas y externas. Es crucial que los datos extraídos sean precisos y completos para asegurar la calidad del análisis posterior.

- ⇨ Fuentes de Datos:
    - ➤ Sistemas Transaccionales: Datos provenientes de sistemas operativos como CRM, ERP y sistemas de punto de venta (POS).
    - ➤ Archivos y Hojas de Cálculo: Datos almacenados en archivos locales como Excel, CSV y XML.
    - ➤ Bases de Datos Externas: Datos provenientes de proveedores externos, bases de datos en la nube y APIs.
    - ➤ Redes Sociales y Web: Datos recopilados de plataformas de redes sociales, sitios web y scraping web.
- ⇨ Técnicas de Extracción:

- Extracción Completa: Consiste en extraer todos los datos de una fuente en cada ciclo de extracción. Este método es simple, pero puede ser ineficiente para grandes volúmenes de datos.
- Extracción Incremental: Solo se extraen los datos nuevos o modificados desde la última extracción. Este método es más eficiente y reduce el tiempo de procesamiento.
- Extracción por Conexión Directa: Conectar directamente a la fuente de datos y extraer la información en tiempo real o en intervalos programados.

⇨ Desafíos de la Extracción:

- Acceso a Datos: Obtener acceso a las fuentes de datos puede ser complicado debido a restricciones de seguridad y políticas de privacidad.
- Calidad de los Datos: Garantizar que los datos extraídos sean precisos y estén libres de errores es crucial para el éxito del proceso ETL.
- Volumen de Datos: Manejar grandes volúmenes de datos puede ser un desafío, especialmente si se requiere extracción en tiempo real.

2. Transformación

La fase de transformación es crucial para convertir los datos brutos extraídos en un formato adecuado para el análisis. Esta fase incluye la limpieza de datos, la normalización y la integración de datos de diversas fuentes.

⇨ Tareas de Transformación:

- Limpieza de Datos: Identificación y corrección de errores, eliminación de duplicados y tratamiento de valores nulos o faltantes.
- Normalización: Estandarización de los datos en un formato común, como la unificación de formatos de fecha y la conversión de unidades de medida.

- Enriquecimiento de Datos: Agregar información adicional a los datos existentes para proporcionar un contexto más completo.
- Agregación de Datos: Resumir los datos a diferentes niveles de granularidad, como calcular totales mensuales a partir de datos diarios.
- Integración de Datos: Combinación de datos de múltiples fuentes en una vista unificada y coherente.

⇨ Herramientas de Transformación:

- Lenguajes de Programación: Python y R son populares para la transformación de datos debido a sus bibliotecas específicas como Pandas (Python) y dplyr (R).
- Herramientas ETL: Herramientas como Talend, Informatica y Microsoft SQL Server Integration Services (SSIS) ofrecen capacidades avanzadas de transformación de datos.
- Bases de Datos y SQL: El uso de SQL para la transformación de datos directamente en bases de datos es común y eficiente.

⇨ Desafíos de la Transformación:

- Consistencia de Datos: Asegurar que los datos transformados sean consistentes y coherentes en todas las fuentes.
- Calidad de los Datos: Mantener la calidad de los datos durante la transformación es crucial para evitar la propagación de errores.
- Complejidad de las Reglas de Negocio: Implementar y mantener reglas de negocio complejas puede ser desafiante y requiere una comprensión profunda de los procesos empresariales.

3. Carga

La fase de carga implica transferir los datos transformados al datawarehouse. Este paso final asegura que los datos estén disponibles para el análisis y la toma de decisiones.

⇨ Métodos de Carga:

- Carga Completa: Transferencia de todos los datos transformados al datawarehouse en cada ciclo de carga. Utilizado principalmente en la inicialización del datawarehouse.
- Carga Incremental: Solo se cargan los datos nuevos o modificados desde la última carga. Este método es más eficiente y reduce el tiempo de procesamiento.
- Carga por Particiones: Dividir los datos en particiones más pequeñas y manejables, facilitando la carga y el acceso eficiente a los datos.

⇨ Desafíos de la Carga:

- Rendimiento: Optimizar el rendimiento de la carga de datos es crucial para minimizar el tiempo de inactividad y asegurar que los datos estén disponibles rápidamente.
- Consistencia de Datos: Asegurar que los datos cargados sean consistentes y que no haya pérdida de información durante el proceso de carga.
- Manejo de Errores: Implementar mecanismos para detectar y corregir errores durante la carga de datos es esencial para mantener la integridad de los datos.

Herramientas y Tecnologías ETL

Existen numerosas herramientas y tecnologías disponibles para facilitar el proceso ETL. Estas herramientas varían en funcionalidad, capacidad y costo, y la elección de la herramienta adecuada depende de las necesidades específicas de la organización.

⇨ Talend:

- Descripción: Una plataforma de integración de datos de código abierto que ofrece soluciones ETL robustas y escalables.
- Características: Soporta una amplia variedad de fuentes de datos, incluye capacidades de transformación avanzadas y permite la automatización de flujos de trabajo ETL.

- Ejemplo: Talend puede ser utilizado para extraer datos de un CRM, transformarlos para unificar formatos de fecha y cargar los datos transformados en un datawarehouse para su análisis.

⇨ Informatica:

- Descripción: Una herramienta ETL comercial que proporciona una suite completa de integración de datos con capacidades avanzadas de transformación y gestión de datos.
- Características: Ofrece un entorno de desarrollo gráfico, capacidades de procesamiento en tiempo real y manejo de grandes volúmenes de datos.
- Ejemplo: Informatica puede ser utilizado para integrar datos de múltiples sistemas ERP, transformarlos según reglas de negocio específicas y cargar los datos en un datawarehouse centralizado.

⇨ Microsoft SQL Server Integration Services (SSIS):

- Descripción: Una plataforma ETL proporcionada por Microsoft, integrada con SQL Server, que permite la extracción, transformación y carga de datos.
- Características: Ofrece un entorno de desarrollo basado en visualización, capacidades de transformación de datos complejas y una integración profunda con el ecosistema de Microsoft.
- Ejemplo: SSIS puede ser utilizado para extraer datos de bases de datos SQL Server, realizar transformaciones como la agregación de datos de ventas y cargar los datos transformados en un datawarehouse de SQL Server.

⇨ Apache NiFi:

- Descripción: Una herramienta de integración de datos de código abierto que proporciona un flujo de datos automatizado y flexible.
- Características: Soporta una amplia gama de fuentes y destinos, ofrece capacidades de transformación en tiempo real y permite la monitorización y gestión de flujos de datos.

- Ejemplo: Apache NiFi puede ser utilizado para extraer datos de una API web, transformar los datos para unificar formatos y cargar los datos transformados en un datawarehouse en la nube.

Desafíos Comunes en el Proceso ETL

El proceso ETL presenta varios desafíos que deben ser abordados para asegurar su éxito y efectividad:

1. Calidad de los Datos:
   - Descripción: Garantizar la precisión, consistencia y completitud de los datos es crucial en cada fase del proceso ETL.
   - Ejemplo: Datos inconsistentes o incompletos pueden llevar a análisis erróneos y decisiones incorrectas.
2. Rendimiento y Escalabilidad:
   - Descripción: Manejar grandes volúmenes de datos y asegurar un rendimiento eficiente del proceso ETL es un desafío continuo.
   - Ejemplo: Procesar grandes cantidades de datos en tiempo real requiere una arquitectura escalable y optimizada.
3. Manejo de Errores y Recuperación:
   - Descripción: Implementar mecanismos para detectar, corregir y recuperar de errores en el proceso ETL es esencial para mantener la integridad de los datos.
   - Ejemplo: Errores en la extracción de datos deben ser detectados y corregidos antes de que los datos sean transformados y cargados.
4. Complejidad de las Reglas de Negocio:
   - Descripción: Las reglas de negocio pueden ser complejas y cambiar con el tiempo, lo que requiere una gestión y actualización continua.
   - Ejemplo: Adaptar las reglas de transformación para reflejar cambios en las políticas empresariales es un proceso que debe ser manejado cuidadosamente.

Mejores Prácticas para el Proceso ETL

Implementar mejores prácticas en el proceso ETL ayuda a asegurar la eficiencia, la calidad y la efectividad del datawarehouse. Algunas de estas prácticas incluyen:

1. Automatización de Flujos de Trabajo:
   - ⇨ Descripción: Automatizar los flujos de trabajo ETL para reducir el error humano y aumentar la eficiencia.
   - ⇨ Ejemplo: Utilizar herramientas ETL que permitan la programación de tareas y la automatización de procesos repetitivos.
2. Monitoreo y Auditoría Continua:
   - ⇨ Descripción: Implementar sistemas de monitoreo y auditoría para supervisar el rendimiento del proceso ETL y detectar problemas a tiempo.
   - ⇨ Ejemplo: Configurar alertas y reportes automatizados para detectar errores de datos y problemas de rendimiento.
3. Documentación de Procesos:
   - ⇨ Descripción: Mantener documentación detallada de todos los procesos ETL, incluidas las reglas de negocio, las transformaciones de datos y los flujos de trabajo.
   - ⇨ Ejemplo: Crear y actualizar manuales de operación y diagramas de flujo de procesos para facilitar la gestión y el mantenimiento.
4. Pruebas y Validación de Datos:
   - ⇨ Descripción: Realizar pruebas y validaciones continuas de los datos transformados para asegurar su calidad y consistencia.
   - ⇨ Ejemplo: Implementar procedimientos de prueba automatizados para validar los datos en cada fase del proceso ETL.
5. Escalabilidad y Flexibilidad:
   - ⇨ Descripción: Diseñar el proceso ETL para ser escalable y flexible,

permitiendo adaptarse a cambios en los volúmenes de datos y las necesidades del negocio.

- ⇨ Ejemplo: Utilizar tecnologías de almacenamiento y procesamiento en la nube que permitan escalar los recursos según la demanda.

Futuro del Proceso ETL

El proceso ETL continúa evolucionando con avances tecnológicos y cambios en las necesidades empresariales. Algunas tendencias emergentes incluyen:

1. ETL en la Nube (ETL-as-a-Service):
   - ⇨ Descripción: Utilización de servicios ETL en la nube para aprovechar la escalabilidad, la flexibilidad y la reducción de costos.
   - ⇨ Ejemplo: Plataformas como AWS Glue, Google Dataflow y Azure Data Factory ofrecen servicios ETL gestionados en la nube.
2. Streaming ETL:
   - ⇨ Descripción: Procesamiento de datos en tiempo real en lugar de ciclos de carga por lotes, permitiendo análisis y decisiones más rápidas.
   - ⇨ Ejemplo: Utilizar tecnologías como Apache Kafka y Apache Flink para implementar ETL en streaming.
3. Inteligencia Artificial y Machine Learning en ETL:
   - ⇨ Descripción: Integración de inteligencia artificial y machine learning en el proceso ETL para mejorar la calidad de los datos y optimizar las transformaciones.
   - ⇨ Ejemplo: Utilizar algoritmos de machine learning para detectar y corregir anomalías en los datos automáticamente.
4. Automatización Avanzada y DevOps:
   - ⇨ Descripción: Implementación de prácticas de DevOps y automatización avanzada en el proceso ETL para mejorar la eficiencia y la colaboración entre equipos.

- ⇨ Ejemplo: Utilizar herramientas de integración y despliegue continuos (CI/CD) para automatizar la implementación y actualización de flujos de trabajo ETL.

El proceso ETL es un componente esencial en la arquitectura de un datawarehouse. Asegurar una extracción, transformación y carga de datos eficientes y de alta calidad es crucial para maximizar el valor de los datos y apoyar la toma de decisiones informadas en la organización. Con el avance de la tecnología y la adopción de mejores prácticas, el proceso ETL continuará evolucionando, ofreciendo nuevas oportunidades y desafíos en la gestión de datos empresariales

RESUMEN

Un datawarehouse es un repositorio centralizado que permite a las organizaciones almacenar grandes volúmenes de datos provenientes de diversas fuentes, facilitando su análisis para la toma de decisiones informadas. El datawarehouse integra y consolida datos, eliminando redundancias y permitiendo el análisis de tendencias a largo plazo. Su optimización para consultas complejas y escalabilidad lo convierten en un componente crucial para la Inteligencia de Negocio (BI).

Los datos que alimentan un datawarehouse provienen de fuentes internas como sistemas CRM, ERP y bases de datos transaccionales, así como de fuentes externas como redes sociales e informes de mercado. La recopilación de estos datos puede realizarse a través de herramientas como ETL, APIs o scraping web. Los desafíos en esta fase incluyen la calidad de los datos, su integración y la gestión de grandes volúmenes.

El almacenamiento de datos en un datawarehouse puede adoptar varias formas, como los data warehouses, data lakes, y data marts. Estas estructuras se organizan mediante técnicas como el modelado dimensional y los esquemas de estrella o copo de nieve, que facilitan el análisis. Además, es esencial implementar medidas de seguridad para proteger los datos, como el cifrado, control de acceso y cumplimiento normativo, con prácticas de backup y monitoreo continuo.

El proceso ETL (Extracción, Transformación y Carga) es fundamental en la gestión de datos dentro de un datawarehouse. Implica la extracción de datos de diversas fuentes, su transformación para garantizar calidad y coherencia, y su carga en el datawarehouse. Las herramientas ETL como Talend, Informatica y SSIS permiten automatizar este proceso. Los desafíos en el ETL incluyen la gestión del rendimiento, la calidad de los datos y la escalabilidad, siendo cruciales las mejores prácticas como la automatización, validación de datos y monitoreo continuo.

El datawarehouse y el proceso ETL son fundamentales para que las organizaciones puedan gestionar y analizar grandes volúmenes de datos, mejorando así la eficiencia operativa y la toma de decisiones estratégicas.

AUTOEVALUACIÓN

1. ¿Cuál es la función principal de un datawarehouse en la Inteligencia de Negocio (BI)?
   A. Procesar transacciones financieras en tiempo real.
   B. Almacenar y consolidar grandes volúmenes de datos para facilitar su análisis.
   C. Generar automáticamente informes de ventas diarios.

2. ¿Qué tipo de datos suelen almacenarse en un datawarehouse?
   A. Solo datos actuales y en tiempo real.
   B. Datos históricos y de diversas fuentes para análisis a largo plazo.
   C. Exclusivamente datos no estructurados.

3. ¿Cuál de las siguientes técnicas es utilizada para organizar los datos en un datawarehouse?
   A. Particionamiento de datos.
   B. Duplicación de tablas.
   C. Fragmentación de discos duros.

4. ¿Qué herramienta es comúnmente utilizada para el proceso de ETL (Extracción, Transformación y Carga)?
   A. PowerPoint.
   B. Talend.
   C. Adobe Acrobat.

5. ¿Cuál es un desafío común en la fase de extracción de datos en un proceso ETL?
   A. La falta de datos históricos.
   B. La dificultad para garantizar la calidad y precisión de los datos extraídos.
   C. La visualización automática de gráficos.

6. ¿Qué beneficio clave ofrece un datawarehouse a las organizaciones?
   A. Almacenar datos en formato comprimido para ahorrar espacio.
   B. Mejorar la toma de decisiones al integrar datos de múltiples fuentes y permitir análisis avanzados.
   C. Ejecutar transacciones operacionales a mayor velocidad.

MÓDULO

2. Sistemas OLTP y Datawarehouse

Contenido del Módulo

ICB
EDITORES

UNIDAD

2.1. Sistema OLTP

Contenido de la Unidad

- Introducción a los Sistemas OLTP y OLAP
- Sistemas OLTP
- Implementación del Datawarehouse
- Resumen
- Autoevaluación

ICB
EDITORES

1. Introducción a los Sistemas OLTP y OLAP

En el mundo de la gestión de datos, los Sistemas de Procesamiento de Transacciones en Línea (OLTP) y los Sistemas de Procesamiento Analítico en Línea (OLAP) juegan roles cruciales pero distintos. Ambos sistemas son fundamentales para el funcionamiento eficiente y la toma de decisiones en las organizaciones modernas, aunque cada uno está diseñado para cumplir funciones específicas.

Sistemas OLTP

Los Sistemas OLTP están diseñados para manejar y facilitar las operaciones transaccionales diarias de una organización. Imagina un supermercado donde cada vez que un cliente compra un producto, se registra una transacción. Este tipo de sistema necesita ser rápido y eficiente para manejar miles de transacciones pequeñas cada día. Los OLTP son esenciales en aplicaciones como sistemas de gestión de ventas, bancos y sistemas de reservaciones, donde la precisión y la velocidad son cruciales.

Uno de los pilares de los sistemas OLTP es el modelo relacional de datos. Este modelo organiza los datos en tablas, que se relacionan entre sí a través de claves primarias y foráneas. Esta estructura no solo facilita la gestión de grandes volúmenes de datos, sino que también garantiza la integridad y la consistencia de la información.

Para interactuar con estas bases de datos, utilizamos SQL (Structured Query Language), el lenguaje estándar que permite realizar consultas, actualizaciones, inserciones y eliminaciones de datos de manera eficiente.

En el ámbito del análisis de datos, los conceptos de hechos y dimensiones son fundamentales. Los hechos representan los datos cuantitativos que las organizaciones desean analizar, como las ventas diarias, mientras que las dimensiones son las categorías o contextos, como el tiempo o la ubicación, que permiten analizar esos hechos desde diferentes perspectivas.

El diseño de la base de datos también juega un papel crucial. Los diagramas de estrella y copo de nieve son dos métodos populares para organizar los datos en un data warehouse. En un diagrama de estrella, hay una tabla central de hechos conectada a varias tablas de dimensiones, mientras que, en un diagrama de copo de nieve, estas dimensiones están más normalizadas y detalladas.

Cuando hablamos de información en este contexto, nos referimos a los datos procesados y organizados de tal manera que sean útiles para la toma de decisiones. La calidad y la precisión de esta información son esenciales para cualquier sistema de gestión de datos.

Para permitir una vista más dinámica y flexible de los datos, utilizamos modelos de datos multidimensionales. Estos modelos facilitan el análisis desde múltiples perspectivas, mejorando así la capacidad para generar informes y realizar análisis complejos.

Implementación del Datawarehouse

La implementación de un data warehouse es un proceso meticuloso que implica varios pasos y componentes clave. Un data warehouse es esencialmente un sistema diseñado para reportar y analizar datos, y es considerado un componente central del business intelligence.

El primer paso en este proceso es la creación de una staging area, una zona de preparación temporal donde los datos se limpian y transforman antes de ser cargados en el data warehouse. Esto asegura que solo los datos de alta calidad lleguen al almacenamiento final.

El ODS (Almacén Operacional de Datos) es otra pieza importante. Este almacén es una base de datos diseñada para integrar datos de múltiples fuentes y es utilizada para tareas operativas y de toma de decisiones a corto plazo.

Luego, tenemos el DDS (Almacenamiento Dimensional de Datos), que se refiere al almacenamiento de datos en un formato dimensional. Esto facilita el análisis y la consulta eficiente de los datos.

Un datamart es una sección especializada del data warehouse, enfocada en un área específica de la empresa, como ventas o finanzas. Esto permite un análisis más detallado y específico, adaptado a las necesidades de cada departamento.

Finalmente, los sistemas OLAP están diseñados para realizar consultas y análisis complejos sobre grandes volúmenes de datos. Estos sistemas permiten a los usuarios realizar análisis multidimensionales interactivos, facilitando así la toma de decisiones estratégicas basadas en datos.

2. Sistemas OLTP

Los Sistemas de Procesamiento de Transacciones en Línea (OLTP) son esenciales para las operaciones cotidianas de muchas organizaciones. Estos sistemas gestionan y facilitan las transacciones en tiempo real, como la gestión de ventas, reservas en hoteles, operaciones bancarias, entre otros. Los OLTP están diseñados para ser rápidos, confiables y eficientes, manejando grandes volúmenes de transacciones pequeñas y frecuentes con alta precisión.

2.1. Modelo Relacional de Datos

El modelo relacional de datos es la base fundamental sobre la cual se construyen muchos sistemas OLTP. Este modelo organiza los datos en tablas que pueden ser relacionadas entre sí mediante claves. A continuación, se detallan los componentes y conceptos clave del modelo relacional de datos:

Los conceptos fundamentales del modelo relacional se pueden describir de la siguiente manera:

Las tablas, también conocidas como relaciones, son estructuras que organizan los datos en dos dimensiones: filas y columnas. Cada fila representa un registro único, mientras que cada columna define un atributo de ese registro. Por ejemplo, una tabla de "Clientes" podría contener columnas como "ID de Cliente", "Nombre", "Dirección" y "Teléfono", donde cada fila corresponde a un cliente individual.

Cada fila de una tabla, también llamada tupla, representa una instancia específica de la entidad descrita en esa tabla. Así, una fila en la tabla de "Clientes" haría referencia a un cliente concreto.

Las columnas, por su parte, describen los distintos tipos de datos almacenados en la tabla. Cada una tiene un nombre y un tipo de dato asociado. Por ejemplo, la columna "Nombre" en la tabla "Clientes" contendría información de tipo texto.

En cuanto a las claves primarias, estas son atributos o conjuntos de atributos que permiten identificar de manera única cada fila en una tabla. No es posible que existan dos filas con el mismo valor en la clave primaria. Un ejemplo de esto sería la columna "ID de Cliente" en la tabla "Clientes", que podría actuar como la clave primaria.

Las claves foráneas, por otro lado, son atributos que establecen una relación entre tablas. Este vínculo se forma al hacer referencia a la clave primaria de otra tabla. Por ejemplo, en una tabla "Pedidos", la columna "ID de Cliente" podría ser una clave foránea que relaciona los pedidos con los clientes mediante la clave primaria "ID de Cliente" de la tabla "Clientes".

Finalmente, el concepto de integridad referencial garantiza que las relaciones entre las tablas sean coherentes. Si en la tabla "Pedidos" existe una clave foránea "ID de Cliente", debe existir un cliente correspondiente en la tabla "Clientes" que tenga ese mismo "ID de Cliente", asegurando así la consistencia de los datos entre ambas tablas.

Ventajas del Modelo Relacional

Las ventajas del modelo relacional incluyen varios aspectos clave que lo hacen eficiente y confiable para el manejo de datos. Este modelo destaca por su flexibilidad, ya que permite agregar, modificar o eliminar datos sin comprometer la integridad del sistema, facilitando una administración de datos sencilla y segura. Además, es eficiente en términos de almacenamiento y recuperación de información, pues emplea técnicas como la normalización para optimizar la estructura de los datos.

El modelo relacional también es escalable, lo que significa que puede manejar grandes volúmenes de datos y a numerosos usuarios al mismo tiempo, adaptándose bien a las necesidades crecientes de almacenamiento y acceso de datos. Finalmente, la integridad es una ventaja significativa, ya que las reglas de integridad referencial y las restricciones ayudan a garantizar la consistencia y validez de los datos, manteniendo la precisión en las relaciones entre las distintas tablas.

Normalización

La normalización es un proceso esencial dentro del modelo relacional, que se aplica para organizar los datos y minimizar la redundancia. Este proceso implica dividir los datos en tablas más pequeñas y definir las relaciones necesarias entre ellas para asegurar una estructura eficiente. La normalización se desarrolla en varios niveles, llamados formas normales, que incluyen:

1. Primera Forma Normal (1NF): Este nivel garantiza que cada columna tenga valores atómicos y contenga solo un tipo de dato específico, evitando la repetición de grupos de datos en una misma columna.

2. Segunda Forma Normal (2NF): Además de cumplir con la primera forma normal, este nivel asegura que todos los atributos que no son clave dependan únicamente de la clave primaria, lo que ayuda a evitar redundancias innecesarias.

3. Tercera Forma Normal (3NF): Este nivel cumple con la segunda forma normal y asegura que no haya dependencias transitivas, es decir, que un atributo que no es clave no dependa de otro atributo que tampoco lo es, lo cual contribuye a una estructura de datos aún más eficiente y ordenada.

Estas reglas de normalización son fundamentales para mejorar la organización de los datos en el modelo relacional y para reducir al mínimo las redundancias.

Ejemplo de Normalización:

Supongamos que tenemos una tabla "Empleados" que inicialmente contiene los siguientes datos:

ID	Nombre	Departamento	ID_Depto	Jefe
1	Juan	Ventas	101	Maria
2	Ana	Marketing	102	Luis
3	Pedro	Ventas	101	Maria

En 1NF, cada columna tiene valores atómicos y un tipo de dato único.

Para cumplir con 2NF, podríamos dividir la tabla en dos tablas separadas:

Tabla Empleados:

ID	Nombre	ID_Depto
1	Juan	101
2	Ana	102
3	Pedro	101

Tabla Departamentos:

ID_Depto	Departamento	Jefe
101	Ventas	Maria
102	Marketing	Luis

En 3NF, aseguramos que no existan dependencias transitivas en las tablas resultantes.

El modelo relacional de datos es una herramienta poderosa que, cuando se aplica correctamente, facilita la gestión eficiente, flexible y segura de los datos en los sistemas OLTP.

2.2. Structured Query Language (SQL)

SQL, o Structured Query Language, es el lenguaje estándar utilizado para interactuar con bases de datos relacionales, una pieza clave tanto en los sistemas OLTP (Online Transaction Processing) como en los sistemas OLAP (Online Analytical Processing). A través de SQL, los usuarios pueden crear, modificar, administrar y consultar los datos almacenados en las bases de datos. A continuación, se describe cómo se aplica SQL en el contexto de estos dos tipos de sistemas.

SQL en los Sistemas OLTP

En los sistemas OLTP, que son responsables de gestionar las transacciones diarias de una organización, SQL se utiliza principalmente para operaciones rápidas y eficientes de manipulación de datos. Las bases de datos OLTP deben manejar una gran cantidad de operaciones de lectura y escritura simultáneamente, y SQL permite realizar estas operaciones de manera efectiva.

SQL en los Sistemas OLAP

Los sistemas OLAP están diseñados para el análisis y la consulta de grandes volúmenes de datos históricos. A diferencia de los sistemas OLTP, que están orientados a transacciones rápidas, los sistemas OLAP se centran en realizar consultas complejas y análisis detallados. SQL en OLAP se utiliza para extraer y manipular datos de formas que faciliten la toma de decisiones empresariales.

SQL es una herramienta poderosa y versátil que se adapta tanto a las necesidades de los sistemas OLTP como a las de los sistemas OLAP. En los sistemas OLTP, SQL se utiliza para gestionar eficientemente las transacciones diarias, mientras que en los sistemas OLAP, SQL facilita la realización de consultas complejas y análisis de datos para apoyar la toma de decisiones estratégicas. Independientemente del contexto, el dominio de SQL es esencial para aprovechar al máximo las capacidades de las bases de datos relacionales.

2.3. Hechos y Dimensiones

En el contexto de los sistemas OLTP y OLAP, los conceptos de hechos y dimensiones son esenciales para organizar y analizar datos de manera eficiente. Aunque estos términos son originarios del ámbito del Data Warehousing y de los sistemas OLAP, también encuentran aplicaciones en los sistemas OLTP.

Los hechos representan los datos cuantitativos que una organización desea estudiar. Reflejan eventos o transacciones específicas del negocio, como ventas, ingresos o la cantidad de productos vendidos. Estos datos constituyen el núcleo de un data warehouse y se almacenan en tablas llamadas tablas de hechos.

Las tablas de hechos tienen algunas características particulares. En primer lugar, contienen datos numéricos que pueden sumarse, promediarse o analizarse de varias formas. También incluyen mediciones o métricas relevantes para el negocio, como el total de ventas, ingresos o costos. Además, el nivel de detalle, o "grano", define la granularidad de los datos en la tabla de hechos; por ejemplo, las ventas pueden registrarse de manera diaria o por cada transacción. Algunos ejemplos de hechos serían el número de productos vendidos, el total de ingresos generados o la cantidad de visitas a un sitio web.

Por otro lado, las dimensiones son los contextos o categorías que nos permiten analizar los hechos desde diferentes perspectivas. Proporcionan información descriptiva que permite desglosar y examinar los datos cuantitativos. Las dimensiones se almacenan en tablas de dimensiones y se emplean para filtrar, agrupar y ordenar los datos de manera significativa.

Las tablas de dimensiones también tienen características propias. Contienen datos descriptivos, como nombres, fechas y ubicaciones, que aportan contexto y enriquecen los datos de las tablas de hechos. Además, sus atributos permiten segmentar y analizar los datos desde diversas perspectivas. Por ejemplo, las dimensiones pueden incluir el tiempo (año, trimestre, mes, día), la geografía (país, región, ciudad) y el producto (categoría, nombre del producto, marca).

La relación entre hechos y dimensiones se organiza habitualmente en esquemas de estrellas o copos de nieve dentro de los data warehouses. En estos esquemas, la tabla de hechos ocupa el centro y está conectada a múltiples tablas de dimensiones, creando una estructura que facilita el análisis detallado y multifacético de los datos de una organización.

2.4. Diagrama de estrella y copo de nieve

Esquema de Estrella:

- Tabla de hechos: Contiene las medidas cuantitativas del negocio.
- Tablas de dimensiones: Rodean la tabla de hechos y están directamente conectadas a ella.

Ejemplo de esquema de estrella:

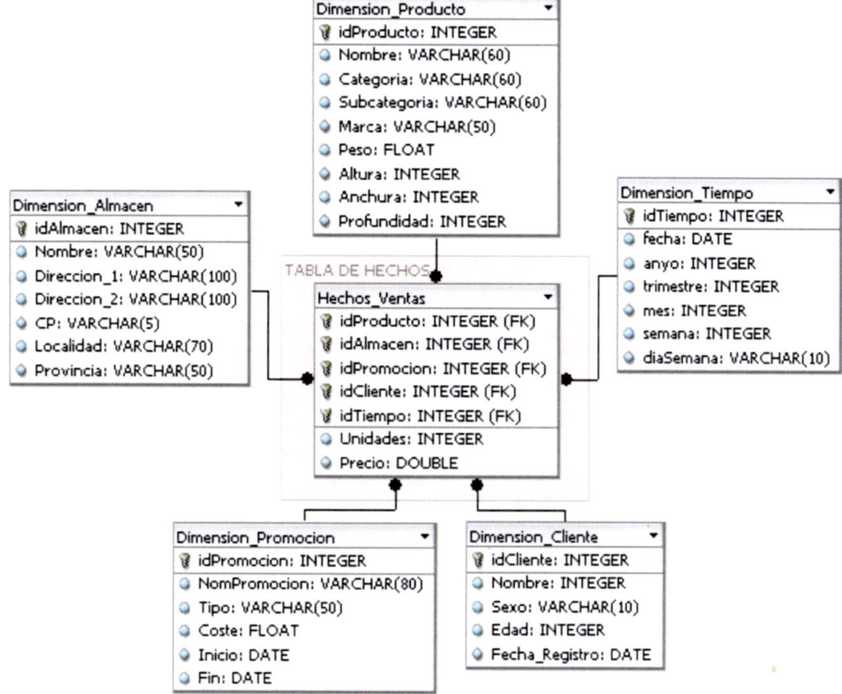

Esquema de Copo de Nieve:

- Similar al esquema de estrella, pero las tablas de dimensiones están más normalizadas, es decir, están divididas en tablas adicionales para eliminar redundancias.

Ejemplo de esquema de copo de nieve:

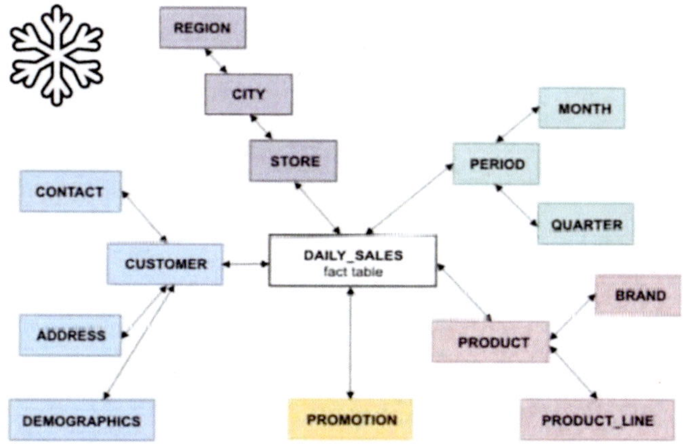

La aplicación de los conceptos de hechos y dimensiones varía según el tipo de sistema de datos en el que se implementen, ya sea OLTP o OLAP.

En los **sistemas OLTP**, aunque su diseño principal no está orientado al análisis en profundidad, los conceptos de hechos y dimensiones se emplean en menor medida para organizar los datos transaccionales de manera eficiente. Esto permite estructurar la información de modo que se pueda acceder a ella rápidamente en contextos de operaciones diarias, como la gestión de inventarios o transacciones en línea.

En contraste, los **sistemas OLAP** están enfocados en el análisis de datos históricos y en apoyar la toma de decisiones estratégicas. Aquí, los hechos y dimensiones son elementos esenciales, ya que permiten llevar a cabo consultas complejas y análisis multidimensionales. Un ejemplo de su uso en OLAP es cuando una empresa desea estudiar sus ventas mensuales en función de la región y la categoría de producto. En este caso, la tabla de hechos almacenaría las ventas mensuales, mientras que las tablas de dimensiones ofrecerían detalles sobre el tiempo (como el mes), la geografía (como la región) y la categoría de producto.

En conjunto, los conceptos de hechos y dimensiones son fundamentales para estructurar los datos de manera que se posibiliten análisis significativos y eficientes. En los sistemas OLTP, contribuyen a una organización efectiva de los datos transaccionales. En los sistemas OLAP, en cambio, se convierten en la base para análisis detallados que respaldan decisiones informadas, facilitando el uso de los datos históricos de manera estratégica.

2.5. Información (Info)

En los sistemas OLTP y OLAP, la información se considera un activo esencial, y su calidad, accesibilidad y precisión son fundamentales para el éxito de una organización. La importancia de la información, junto con su gestión y los retos asociados a su manejo, es crítica para cumplir tanto con las operaciones diarias como con los análisis estratégicos.

- Importancia de la Información

  La información es clave en la toma de decisiones dentro de una organización. Disponer de datos correctos y en el momento adecuado puede hacer la diferencia entre alcanzar el éxito o enfrentar dificultades.

- ⇨ En los sistemas OLTP, la información se refiere mayormente a datos transaccionales que registran las operaciones diarias, como ventas, pagos y registros de clientes. Para mantener la continuidad operativa, estos datos deben ser precisos y estar disponibles en tiempo real.
- ⇨ En los sistemas OLAP, la información se utiliza para el análisis y la generación de informes estratégicos, manejando datos históricos y agregados. Aquí, la accesibilidad y la organización de la información permiten realizar análisis complejos para respaldar decisiones de alto nivel.

♦ Gestión de la Información en Sistemas OLTP

La gestión de la información en los sistemas OLTP se centra en la eficiencia y la integridad de las transacciones. Los aspectos clave son:

- ⇨ **Velocidad y Eficiencia**: Estos sistemas están optimizados para procesar transacciones rápidas y frecuentes. La base de datos debe soportar un gran volumen de operaciones simultáneas sin comprometer su rendimiento.
- ⇨ **Integridad y Consistencia:** La información debe ser consistente y precisa, lo que se garantiza mediante restricciones de integridad y transacciones atómicas, donde cada operación debe completarse correctamente o no aplicarse.
- ⇨ **Disponibilidad**: Los datos deben estar siempre accesibles para mantener la operación continua del negocio, ya que cualquier interrupción puede afectar considerablemente las actividades diarias.

♦ Gestión de la Información en Sistemas OLAP

En los sistemas OLAP, la gestión de la información se orienta hacia la accesibilidad y el análisis eficiente de grandes volúmenes de datos. Las principales consideraciones son:

- ⇨ **Agregación y Resumen:** Los datos se presentan de forma resumida para facilitar el análisis, permitiendo trabajar con diferentes niveles de detalle.

- ⇨ **Consultas Complejas:** Los sistemas OLAP manejan consultas avanzadas que suelen combinar datos de múltiples fuentes y realizar cálculos detallados.
- ⇨ **Análisis Multidimensional:** La información se organiza para el análisis desde múltiples perspectivas, como tiempo, ubicación o producto, mediante modelos como el cubo OLAP.

♦ Retos en la Gestión de la Información

Tanto en sistemas OLTP como en OLAP, la gestión de la información enfrenta desafíos que incluyen:

- ⇨ **Calidad de los Datos:** La información debe ser precisa, completa y actualizada; la baja calidad puede derivar en decisiones incorrectas y afectar el análisis y las operaciones.
- ⇨ **Integración de Datos:** La combinación de datos provenientes de distintas fuentes y formatos requiere procesos que mantengan la consistencia sin comprometer la precisión.
- ⇨ **Seguridad y Privacidad:** Es esencial proteger los datos contra accesos no autorizados y cumplir con regulaciones sobre privacidad, implementando medidas de seguridad efectivas.
- ⇨ **Escalabilidad:** A medida que la organización crece, los sistemas deben soportar mayores volúmenes de datos y usuarios sin afectar el rendimiento.

La información es el núcleo de los sistemas OLTP y OLAP. Mientras que en OLTP se enfoca en gestionar transacciones diarias de manera eficiente y confiable, en OLAP, la información constituye una base sólida para realizar análisis estratégicos. Administrar la información de manera adecuada, garantizando su calidad, integridad y seguridad, es esencial para el éxito en cualquier organización moderna.

2.6. Modelos de Datos Multidimensionales

En los sistemas OLTP y OLAP, los modelos de datos multidimensionales son fundamentales para optimizar el análisis de datos y respaldar la toma de decisiones estratégicas. Estos modelos permiten estructurar y visualizar la información desde múltiples perspectivas, ofreciendo una vista completa de los datos que una organización desea analizar.

- ¿Qué son los Modelos de Datos Multidimensionales?

  Los modelos de datos multidimensionales organizan la información en forma de un "cubo de datos", una estructura que facilita la ejecución de análisis complejos y consultas rápidas al permitir el acceso a los datos desde diversos ángulos.

  - **Dimensiones:** Las dimensiones son categorías que desglosan los datos y representan los diferentes contextos desde los cuales se pueden analizar los hechos (datos cuantitativos). Ejemplos comunes de dimensiones incluyen el tiempo, la geografía, el producto y el cliente.

  - **Hechos:** Los hechos son los datos numéricos que la organización busca analizar, como ventas, ingresos o cantidad de productos vendidos, y se almacenan en una

- Estructura de un Modelo Multidimensional

  Los modelos multidimensionales suelen representarse a través de dos esquemas:

  - **Esquema de Estrella:** Es la estructura más sencilla, con una tabla de hechos en el centro conectada directamente a varias tablas de dimensiones, permitiendo relaciones directas y accesibles entre hechos y dimensiones.

  - **Esquema de Copo de Nieve:** Esta es una versión más normalizada del esquema de estrella, donde las tablas de dimensiones se descomponen en tablas adicionales para reducir la redundancia. Aunque es una estructura más compleja, mejora la eficiencia de almacenamiento.

- Beneficios de los Modelos de Datos Multidimensionales

  - **Análisis Rápido y Eficiente:** Permiten realizar consultas complejas y obtener resultados con rapidez, esencial para la toma de decisiones en tiempo real.

- ⇨ **Flexibilidad en el Análisis:** Los datos pueden analizarse desde múltiples perspectivas, como región, periodo o tipo de producto.
- ⇨ **Claridad y Comprensión:** Al organizar los datos en dimensiones intuitivas, mejoran la comprensión y el uso de la información.
- ⇨ **Mejor Toma de Decisiones:** Al ofrecer una vista detallada de los datos, permiten decisiones informadas basadas en análisis precisos.

♦ Aplicación en Sistemas OLAP

Los sistemas OLAP se benefician en gran medida de los modelos de datos multidimensionales, dado que están diseñados específicamente para el análisis de grandes volúmenes de datos históricos y agregados.

- ⇨ **Cubos OLAP:** Los cubos OLAP son implementaciones físicas de estos modelos multidimensionales y permiten consultas y análisis interactivos de manera eficiente. Por ejemplo, una empresa puede usar un cubo OLAP para analizar las ventas mensuales por región y categoría de producto, permitiendo desgloses detallados y comparaciones por año, región o tendencias de productos.

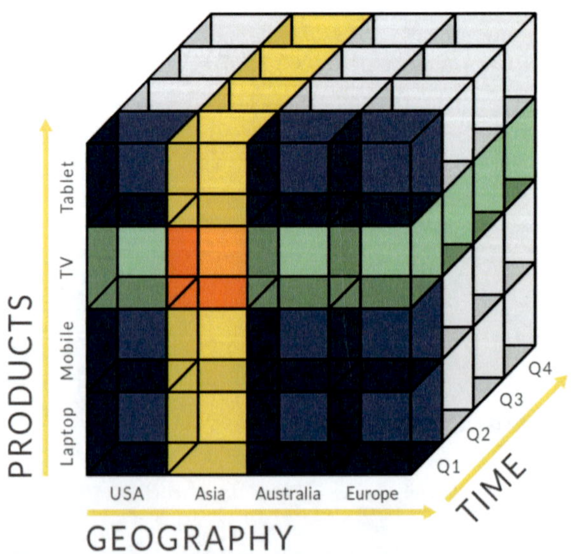

- Implementación en Sistemas OLTP

  Aunque los sistemas OLTP no están orientados principalmente al análisis de datos, los modelos de datos multidimensionales también se pueden aplicar en este contexto para mejorar la organización y accesibilidad de los datos transaccionales.

  - Ejemplo en OLTP: Un sistema de ventas puede estructurar sus datos utilizando dimensiones de tiempo y producto para facilitar consultas rápidas y eficientes, como verificar ventas diarias por producto o generar informes de inventario.

En resumen, los modelos de datos multidimensionales son herramientas poderosas para organizar y analizar datos de forma significativa y eficiente. En los sistemas OLTP, contribuyen a una mejor organización y acceso a los datos transaccionales, mientras que en los sistemas OLAP facilitan análisis complejos y detallados esenciales para la toma de decisiones estratégicas. Aprovechar estos modelos permite a las organizaciones maximizar el valor de sus datos, transformándolos en información útil para impulsar su éxito.

3. Implementación del Datawarehouse

La implementación de un Datawarehouse es un proceso complejo y fundamental para la gestión efectiva de grandes volúmenes de datos en una organización. Un Datawarehouse integra y consolida datos de múltiples fuentes para proporcionar una visión coherente y centralizada de la información, facilitando el análisis y la toma de decisiones estratégicas. A continuación, se describen los componentes esenciales en la implementación de un Datawarehouse: la Staging Area, el ODS, el DDS, los Datamarts y los Sistemas OLAP.

3.1. Staging Area

La Staging Area, también conocida como área de preparación de datos, juega un papel crucial en la implementación de un Datawarehouse. Su principal función es actuar como un espacio intermedio donde los datos, provenientes de diversas fuentes operacionales, se preparan antes de ser cargados en el Datawarehouse. En esta etapa, se llevan a cabo varias tareas que aseguran que los datos estén limpios, consistentes y en el formato adecuado para su análisis.

- **Funciones Principales de la Staging Area**

1. Extracción de Datos (Extract):

   - ⇨ **Diferentes Fuentes:** Los datos pueden originarse en múltiples fuentes, como bases de datos relacionales, archivos planos, aplicaciones ERP y CRM, sistemas heredados, o fuentes externas como APIs y servicios web.

   - ⇨ **Conectividad:** Para acceder a estas fuentes, se requiere de mecanismos robustos de conectividad, como conectores ODBC/JDBC para bases de datos y adaptadores para servicios web y APIs.

   - ⇨ **Automatización:** La extracción de datos puede programarse en intervalos específicos para asegurar que la Staging Area siempre contenga datos actualizados listos para ser procesados.

2. Transformación de Datos (Transform):

⇨ **Limpieza de Datos:** Este paso incluye la eliminación de duplicados, corrección de errores, validación de formatos y manejo de valores nulos o inconsistentes.

⇨ **Enriquecimiento:** Los datos se pueden mejorar mediante información adicional, como geocodificación de direcciones o estandarización de nombres de productos.

⇨ **Normalización y Desnormalización:** Los datos pueden organizarse para mejorar su integridad (normalización) o su rendimiento de consulta (desnormalización) según lo requiera el Datawarehouse.

⇨ **Conversión de Formatos:** Los datos se convierten a un formato compatible con el esquema del Datawarehouse, unificando unidades de medida y estandarizando fechas.

3. Carga de Datos (Load):

⇨ **Carga Inicial:** Esta etapa implica la transferencia masiva de datos históricos desde las fuentes operacionales a la Staging Area y, posteriormente, al Datawarehouse.

⇨ **Cargas Incrementales:** Después de la carga inicial, las actualizaciones se realizan de manera incremental (diaria, semanal, o en tiempo real) para mantener el Datawarehouse actualizado.

⇨ **Gestión de Cambios:** Se implementan mecanismos para gestionar cambios en los datos, como la inserción de nuevos registros o actualización y eliminación de los obsoletos.

♦ Beneficios de la Staging Area

⇨ **Calidad de Datos:** La Staging Area permite realizar una limpieza y transformación exhaustiva, asegurando que solo los datos de alta calidad ingresen al Datawarehouse.

⇨ **Desacoplamiento de Procesos:** Funciona como un buffer que separa la extracción de datos de las fuentes operacionales del proceso de carga en el Datawarehouse, optimizando ambos procesos independientemente.

- ⇨ **Flexibilidad:** Proporciona un entorno adecuado para realizar transformaciones complejas de datos y aplicar reglas de negocio específicas.
- ⇨ **Auditoría y Recuperación:** Facilita el seguimiento de los datos a lo largo del proceso ETL y permite la recuperación de procesos en caso de fallos.

♦ Herramientas y Tecnologías para la Staging Area

- ⇨ **Herramientas ETL:** Programas especializados como Apache Nifi, Talend, Informatica PowerCenter y Microsoft SSIS ofrecen un entorno completo para la extracción, transformación y carga de datos.
- ⇨ **Lenguajes de Scripting:** Lenguajes como Python, Perl y Shell scripting permiten personalizar y gestionar tareas específicas en el procesamiento de datos.
- ⇨ **Bases de Datos Temporales:** Bases de datos como PostgreSQL, MySQL y Microsoft SQL Server sirven como almacenamiento temporal en la Staging Area para manejar grandes volúmenes de datos.
- ⇨ **Herramientas de Automatización:** Herramientas como Apache Airflow y Luigi facilitan la programación y gestión de flujos de trabajo ETL, asegurando que los procesos se ejecuten en orden y eficientemente.

♦ Mejores Prácticas para la Staging Area

- ⇨ **Documentación:** Mantener una documentación detallada de todas las transformaciones y reglas aplicadas en la Staging Area es crucial para la transparencia y mantenimiento del sistema.
- ⇨ **Monitoreo y Alertas:** Implementar un monitoreo continuo para detectar fallos en los procesos ETL y tomar medidas correctivas a tiempo.
- ⇨ **Seguridad de Datos:** Los datos en la Staging Area deben estar protegidos mediante encriptación y controles de acceso para prevenir accesos no autorizados.

⇨ **Optimización del Rendimiento:** Realizar mejoras periódicas en los procesos ETL y en la infraestructura para gestionar de forma óptima el crecimiento de los datos y satisfacer demandas de rendimiento.

La Staging Area es un componente fundamental en la implementación de un Datawarehouse, proporcionando un entorno controlado y eficiente para la preparación de datos. Su correcto diseño y gestión son esenciales para asegurar que los datos cargados en el Datawarehouse sean precisos, consistentes y listos para el análisis.

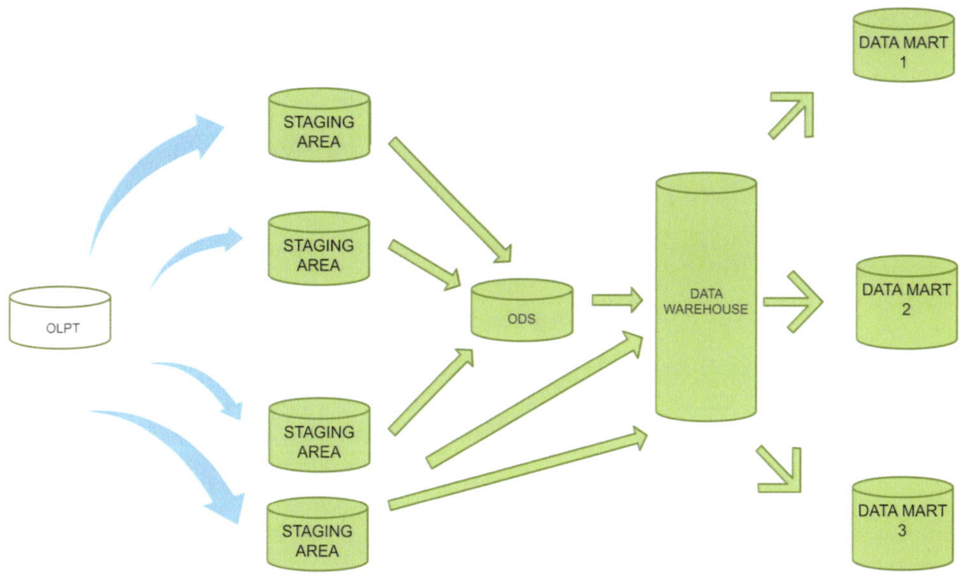

3.2. ODS (Almacén Operacional de Datos)

El Almacén Operacional de Datos (ODS, por sus siglas en inglés) es una base de datos diseñada para consolidar y actualizar en tiempo real la información proveniente de diversas fuentes operativas, proporcionando una vista integral y precisa de la información operativa de una organización. A diferencia del Datawarehouse, que se enfoca en análisis históricos y estratégicos, el ODS está orientado a apoyar las operaciones diarias y a ofrecer datos actualizados y detallados para la toma de decisiones tácticas.

♦ Características del ODS

1. Actualización Continua:

⇨ **Tiempo Real:** El ODS se actualiza en tiempo real o en intervalos cortos, brindando una visión casi instantánea de las operaciones, ideal para la gestión de inventarios, seguimiento de pedidos o atención al cliente.

⇨ **Procesamiento de Eventos:** Maneja grandes volúmenes de eventos en tiempo real, asegurando que la información esté siempre actualizada.

2. Integración de Datos:

⇨ **Fuentes Heterogéneas:** Consolida datos de múltiples sistemas, como ERP, CRM, y sistemas de gestión de almacenes, proporcionando una visión unificada de la información.

⇨ **Consistencia:** Implementa reglas de negocio y procesos de limpieza para asegurar que los datos sean precisos y coherentes.

3. Datos Detallados:

⇨ **Granularidad:** Almacena datos en su nivel más detallado, permitiendo análisis profundos de las operaciones diarias.

⇨ **Historización Limitada:** Se centra en los datos actuales y relevantes, sin almacenar grandes volúmenes históricos como en el Datawarehouse.

♦ Funciones del ODS

1. Soporte a Operaciones Diarias:

⇨ **Decisiones Tácticas:** Proporciona datos detallados y actualizados que apoyan decisiones operativas, como gestión de inventarios y planificación de recursos.

⇨ **Automatización de Procesos:** Permite automatizar procesos gracias a la disponibilidad de datos en tiempo real, mejorando la eficiencia y reduciendo tiempos de respuesta.

2. Mejora del Rendimiento Operacional:

⇨ **Monitoreo en Tiempo Real:** Facilita el monitoreo continuo, permitiendo una rápida detección de problemas y la aplicación de soluciones.

- ⇨ **Análisis de Tendencias:** Permite análisis de tendencias a corto plazo, detectando patrones relevantes para decisiones operativas.

3. Interfaz para el Datawarehouse:

- ⇨ **Preparación de Datos:** Actúa como fuente para el Datawarehouse, proporcionando datos limpios y transformados para análisis estratégicos.
- ⇨ **Sincronización:** Garantiza un flujo continuo de datos hacia el Datawarehouse, manteniéndolo alineado con las operaciones actuales.

♦ Arquitectura del ODS

1. Diseño Modular:

- ⇨ **Componentes Independientes:** La arquitectura modular permite manejar de manera independiente la extracción, transformación y carga de datos.
- ⇨ **Escalabilidad:** La modularidad facilita la adición de nuevas fuentes o capacidad de procesamiento según sea necesario.

2. Tecnologías Utilizadas:

- ⇨ **Bases de Datos Relacionales:** Estas son las más utilizadas para gestionar los datos en el ODS, ya que soportan transacciones y consultas complejas.
- ⇨ **Middleware:** Facilita la integración de datos de múltiples fuentes y asegura su consistencia.

3. Procesos ETL (Extract, Transform, Load):

- ⇨ **Extracción:** Los datos se extraen continuamente mediante procesos automatizados para capturar la información de manera oportuna.
- ⇨ **Transformación:** Los datos se limpian y ajustan a los estándares del ODS, incluyendo normalización y enriquecimiento.

⇨ **Carga:** Los datos transformados se cargan en el ODS para que sean accesibles tanto a aplicaciones operacionales como a análisis rápidos.

♦ Beneficios del ODS

1. Mejora de la Eficiencia Operacional:

⇨ **Visión Integral:** Proporciona una vista completa de las operaciones, permitiendo una mejor coordinación y gestión de recursos.

⇨ **Reducción de Errores:** Al consolidar y limpiar datos de múltiples fuentes, reduce errores y discrepancias en la información.

2. Soporte a la Toma de Decisiones:

⇨ **Datos Actualizados:** Ofrece datos precisos en tiempo real, esenciales para decisiones tácticas y operativas.

⇨ **Accesibilidad:** Facilita el acceso a información relevante para usuarios operativos, mejorando la respuesta y eficiencia.

3. Flexibilidad y Adaptabilidad:

⇨ **Adaptación Rápida:** Permite ajustarse rápidamente a cambios operativos o nuevas necesidades del negocio.

⇨ **Escalabilidad:** Su diseño modular asegura que el ODS pueda crecer junto con la organización, manejando más fuentes y volúmenes de datos.

♦ Desafíos en la Implementación del ODS

1. Integración de Datos:

⇨ **Heterogeneidad de Fuentes:** Integrar datos de múltiples sistemas con distintos formatos es un reto importante.

⇨ **Consistencia y Calidad:** Asegurar la calidad y coherencia de los datos integrados requiere un esfuerzo continuo en la aplicación de reglas de negocio y limpieza.

2. Gestión del Rendimiento:

- ⇨ **Carga de Procesamiento:** Procesar grandes volúmenes en tiempo real impone una carga considerable sobre la infraestructura, requiriendo optimización constante.
- ⇨ **Tiempo de Respuesta:** Mantener tiempos de respuesta rápidos en consultas es crucial, especialmente en ambientes de alta demanda.

3. Seguridad de Datos:

- ⇨ **Protección de Información:** Es fundamental proteger los datos contra accesos no autorizados mediante encriptación y controles de acceso.
- ⇨ **Cumplimiento Normativo:** Las normativas de privacidad y seguridad de datos agregan complejidad a la gestión del ODS.

El ODS juega un papel esencial en la arquitectura de datos de una organización, proporcionando una base sólida para la integración y el manejo de datos operacionales en tiempo real. Su correcta implementación y gestión permiten mejorar la eficiencia operativa, soportar la toma de decisiones tácticas y asegurar que el Datawarehouse esté siempre sincronizado con las operaciones actuales.

3.3. DDS (Almacenamiento Dimensional de Datos)

El Almacenamiento Dimensional de Datos (DDS) es un componente clave en la arquitectura de un Datawarehouse, diseñado para optimizar el análisis multidimensional de datos y apoyar la toma de decisiones empresariales. A diferencia de las bases de datos transaccionales, que se enfocan en la eficiencia de las operaciones diarias, el DDS está estructurado para facilitar consultas complejas y análisis de datos desde múltiples perspectivas.

El modelo dimensional, base del DDS, organiza los datos en dos tipos principales de tablas: tablas de hechos y tablas de dimensiones. Las tablas de hechos contienen datos cuantitativos, como ventas, ingresos o cantidades de productos, mientras que las tablas de dimensiones proporcionan el contexto necesario para interpretar esos datos, incluyendo información como tiempo, ubicación y características del producto. Este diseño permite a los usuarios realizar análisis detallados y obtener insights valiosos para la toma de decisiones.

En un DDS, las tablas de hechos y dimensiones se pueden organizar utilizando diferentes esquemas. El más común es el esquema estrella, donde una tabla central de hechos está directamente conectada a varias tablas de dimensiones. Esta estructura es simple y eficiente para consultas rápidas. Sin embargo, en casos donde la normalización de las dimensiones es beneficiosa, se puede utilizar el esquema copo de nieve, una variante más compleja del esquema estrella, donde las tablas de dimensiones se descomponen en múltiples tablas relacionadas.

La capacidad de agregar datos a diferentes niveles de granularidad es una de las características más destacadas del DDS. Esto significa que los datos pueden ser resumidos o detallados según sea necesario, permitiendo análisis desde una perspectiva general hasta un nivel muy específico. Por ejemplo, las ventas pueden ser analizadas por día, mes, trimestre o año, dependiendo de las necesidades del análisis.

Otra ventaja significativa del DDS es su optimización para consultas. Para asegurar tiempos de respuesta rápidos, las tablas en el DDS están altamente indexadas y a menudo particionadas. Además, se pueden utilizar vistas materializadas para almacenar los resultados de consultas frecuentes, mejorando significativamente la eficiencia del sistema. Estas vistas precomputadas permiten acceder rápidamente a datos agregados sin necesidad de realizar cálculos repetitivos cada vez que se ejecuta una consulta.

El DDS también juega un papel crucial en el soporte de sistemas OLAP (Online Analytical Processing). Los datos almacenados en el DDS pueden ser organizados en cubos OLAP, estructuras multidimensionales que facilitan el análisis interactivo. Los cubos OLAP permiten a los usuarios explorar los datos desde múltiples ángulos, realizar operaciones de "drill-down" para profundizar en los detalles, "roll-up" para resumir los datos y "slice-and-dice" para reorganizar las dimensiones del análisis.

Implementar un DDS requiere una cuidadosa planificación y diseño. Es fundamental seleccionar el esquema adecuado que mejor se ajuste a las necesidades del negocio y a las características de los datos. Además, se deben implementar procesos eficientes de extracción, transformación y carga (ETL) para asegurar que los datos en el DDS sean precisos, coherentes y actualizados. Las cargas incrementales son particularmente importantes para mantener la frescura de los datos sin necesidad de recargas completas que pueden ser costosas y disruptivas.

Algunos aspectos clave incluyen:

⇨ **Procesos ETL (Extract, Transform, Load):** Los datos deben ser extraídos de diversas fuentes, transformados para asegurar su calidad y consistencia, y cargados en el DDS. Los procesos ETL deben ser eficientes y robustos para manejar grandes volúmenes de datos y mantener la integridad de la información.

⇨ **Cargas Incrementales:** En lugar de recargar completamente el DDS, las cargas incrementales actualizan solo los datos que han cambiado, mejorando la eficiencia y reduciendo la carga en el sistema.

⇨ **Monitoreo y Optimización:** Es crucial monitorear el rendimiento del DDS y realizar ajustes continuos para mantener un rendimiento óptimo. Esto puede incluir la optimización de consultas, ajustes en el particionamiento y la actualización de índices.

La seguridad y la gobernanza de los datos son también consideraciones críticas en la implementación del DDS. Es necesario implementar controles de acceso robustos para proteger los datos sensibles y asegurar que solo los usuarios autorizados puedan acceder a la información. Además, la calidad de los datos debe ser constantemente monitoreada y mejorada mediante procesos de validación y limpieza.

Beneficios del DDS

El DDS proporciona numerosos beneficios a las organizaciones, incluyendo:

⇨ **Mejora de la Toma de Decisiones:** Al proporcionar datos precisos y actualizados, el DDS permite a los tomadores de decisiones basar sus estrategias en información sólida y confiable.

⇨ **Análisis en Profundidad:** El diseño multidimensional del DDS facilita el análisis detallado y la identificación de tendencias y patrones que pueden no ser evidentes en una base de datos transaccional.

⇨ **Eficiencia Operacional:** Al centralizar y organizar los datos de manera eficiente, el DDS mejora la eficiencia operativa y reduce el tiempo necesario para acceder y analizar la información.

⇨ **Soporte a BI:** Es una base sólida para las herramientas de Business Intelligence (BI), que pueden generar reportes, dashboards y análisis avanzados de manera rápida y eficiente.

El DDS es un componente esencial del Datawarehouse que facilita el análisis multidimensional y soporta la toma de decisiones empresariales. Su diseño optimizado para consultas complejas y su capacidad para integrar y agregar datos de múltiples fuentes lo convierten en una herramienta poderosa para obtener insights valiosos y mejorar la competitividad organizacional. Una implementación efectiva del DDS, combinada con buenas prácticas de seguridad y gobernanza, asegura que la organización pueda aprovechar al máximo sus datos para tomar decisiones informadas y estratégicas.

3.4. Datamart

Un Datamart es una sección especializada dentro de un Datawarehouse, orientada a cubrir las necesidades particulares de análisis y consulta de datos de una línea de negocio, departamento o grupo específico dentro de una organización. A diferencia del Datawarehouse, que agrupa grandes volúmenes de datos de toda la empresa, el Datamart proporciona una vista más precisa y optimizada para los usuarios de áreas específicas como finanzas, ventas o recursos humanos, facilitando así el acceso a la información relevante y mejorando la toma de decisiones en contextos concretos.

♦ Características del Datamart

Una de las principales características de un Datamart es su enfoque especializado. Cada Datamart está diseñado para atender las necesidades de un área funcional específica, permitiendo que los usuarios de dicho departamento obtengan la información que necesitan de forma directa, sin tener que buscar en el amplio Datawarehouse. Esto simplifica el acceso a datos clave para la toma de decisiones en áreas como ventas, marketing o recursos humanos.

Los Datamarts pueden ser independientes o dependientes del Datawarehouse. Un Datamart independiente recopila y almacena datos directamente desde las fuentes operacionales, lo que le permite ser más fácil y rápido de implementar, aunque puede carecer de la coherencia centralizada que ofrece el Datawarehouse. Por otro lado, los Datamarts dependientes extraen su información del Datawarehouse central, beneficiándose de la calidad y consistencia de los datos que se han limpiado y consolidado previamente, lo cual asegura que las decisiones se basen en datos uniformes y fiables.

Además, los Datamarts suelen ser de tamaño reducido y menos complejos en comparación con el Datawarehouse. Esto hace que su implementación sea más rápida y su gestión más sencilla, lo que facilita la optimización de consultas específicas, brindando un mejor rendimiento en el análisis de datos particulares.

- Proceso de Implementación del Datamart

La implementación de un Datamart pasa por varias etapas clave, desde la identificación de necesidades hasta la integración con herramientas de análisis de datos. El proceso comienza con la identificación de requisitos: se realiza un análisis de las necesidades específicas del departamento que va a utilizar el Datamart, identificando las preguntas de negocio y los indicadores clave de rendimiento (KPIs) necesarios para tomar decisiones informadas. Con esta información se seleccionan los datos requeridos, que pueden ser transaccionales, históricos o externos, en función de lo que el área de negocio necesita.

En la fase de diseño del Datamart, se elabora un modelo dimensional utilizando esquemas como el de estrella o el de copo de nieve, estructurando los datos en tablas de hechos y dimensiones que simplifican la consulta y el análisis. En este paso, se definen también los metadatos que describirán la estructura de los datos en el Datamart, facilitando que los usuarios comprendan el significado de cada elemento de información.

A continuación, el proceso de Extracción, Transformación y Carga (ETL) recopila los datos desde el Datawarehouse o fuentes operacionales, garantizando que estén listos para el análisis. En esta fase, los datos se limpian y transforman para asegurar su calidad y coherencia, eliminando duplicados, corrigiendo errores y estandarizando formatos. Una vez transformados, los datos se cargan en el Datamart, organizados de manera que sean fácilmente accesibles.

Finalmente, se implementan herramientas de Business Intelligence (BI) para que los usuarios puedan interactuar con el Datamart. Esto incluye configurar reportes, dashboards y análisis avanzados que permitan explorar y visualizar los datos de manera eficiente. También es importante capacitar a los usuarios en el uso de estas herramientas y en la interpretación de los datos, de modo que puedan aprovechar plenamente la información y tomar decisiones con mayor conocimiento y rapidez.

Conclusión, un Datamart es una herramienta estratégica que ofrece a los usuarios de una organización acceso directo y optimizado a los datos específicos de su área, mejorando la eficiencia y la precisión en la toma de decisiones. Su implementación implica procesos detallados que aseguran que los datos se presenten en una estructura adecuada, listos para su análisis y consulta.

Los Datamarts, como parte integral de la arquitectura de un Datawarehouse, están diseñados para satisfacer las necesidades específicas de análisis y consulta de datos de distintas áreas de negocio dentro de una organización. Su enfoque optimizado permite a los equipos acceder rápidamente a la información que necesitan sin tener que navegar por el volumen completo de datos de la empresa, facilitando así un análisis más eficiente y una toma de decisiones informada.

- Beneficios del Datamart

Uno de los principales beneficios de los Datamarts es la eficiencia y velocidad. Al estar diseñados específicamente para un área funcional, permiten a los usuarios acceder y analizar datos de manera rápida y precisa, mejorando la eficiencia operativa y acelerando la toma de decisiones sin la necesidad de recorrer el Datawarehouse completo.

Además, los Datamarts son altamente flexibles y adaptables. Su menor tamaño permite que se desarrollen y ajusten rápidamente, adaptándose fácilmente a nuevos requisitos de análisis o cambios en las necesidades del negocio, lo cual facilita una implementación ágil.

Otro beneficio importante es el costo reducido en comparación con un Datawarehouse central. Al estar enfocados en necesidades concretas y ser más pequeños y menos complejos, los Datamarts pueden implementarse y mantenerse con una inversión menor, sin la carga de gestionar datos de toda la organización.

También proporcionan un gran apoyo en la toma de decisiones. Al ofrecer datos específicos y relevantes, permiten a los usuarios de áreas críticas como ventas, marketing y finanzas tomar decisiones basadas en información precisa y oportuna, lo que puede tener un impacto significativo en el desempeño y competitividad de la empresa.

- Desafíos en la Implementación del Datamart

La implementación de un Datamart también plantea ciertos desafíos. Uno de ellos es la integración de datos de múltiples fuentes, que puede resultar compleja si los Datamarts son independientes y no se sincronizan adecuadamente con el Datawarehouse central, lo que podría afectar la consistencia y calidad de los datos.

El mantenimiento y actualización es otro aspecto crucial. La actualización de un Datamart requiere un esfuerzo constante, especialmente si hay cambios frecuentes en las fuentes de datos o en los requisitos de negocio. Establecer procesos ETL eficientes y de monitoreo es esencial para asegurar que los datos se mantengan precisos y al día.

La seguridad y gobernanza también son aspectos críticos, ya que los Datamarts pueden contener datos sensibles. Proteger estos datos con controles de acceso adecuados y cumplir con las normativas de seguridad y privacidad es fundamental para evitar riesgos y garantizar la integridad de la información.

- Mejores Prácticas para la Implementación del Datamart

Para implementar un Datamart de manera efectiva, es fundamental colaborar con los usuarios finales desde el inicio, involucrándolos en el diseño y desarrollo para garantizar que el sistema cumpla con sus necesidades y expectativas. La retroalimentación continua y la colaboración mejoran significativamente la utilidad del Datamart.

Automatizar los procesos ETL es otra práctica recomendada, ya que mejora la eficiencia y minimiza errores. Utilizar herramientas de ETL robustas y configurar cargas incrementales permite mantener los datos actualizados sin sobrecargar el sistema.

El monitoreo y optimización del rendimiento también es importante. Implementar mecanismos de monitoreo permite detectar y resolver problemas de rendimiento de manera proactiva, asegurando que las consultas se ejecuten de manera ágil y mejorando la experiencia del usuario.

Asimismo, establecer procesos de gestión de la calidad de los datos es clave. Esto implica realizar validaciones, limpieza y enriquecimiento de los datos para garantizar su precisión y consistencia, lo que refuerza la confianza de los usuarios en el sistema.

Finalmente, mantener una documentación detallada y capacitación continua asegura que los usuarios comprendan la estructura del Datamart y sepan utilizarlo eficazmente. Capacitar a los usuarios en el uso de las herramientas de BI y en la interpretación de los datos disponibles incrementa la adopción y el valor del sistema.

En conjunto, los Datamarts son esenciales para proporcionar una solución de análisis de datos precisa y eficiente, enfocada en las necesidades específicas de distintas áreas de negocio. Implementados y gestionados correctamente, pueden mejorar la eficiencia operativa, apoyar la toma de decisiones y reforzar la competitividad de la organización. No obstante, es fundamental abordar los desafíos asociados con la integración, mantenimiento, seguridad y calidad de los datos para garantizar su éxito y sostenibilidad a largo plazo.

3.5. Sistemas OLAP

Los Sistemas OLAP (Online Analytical Processing) son herramientas fundamentales en la arquitectura de un Datawarehouse, diseñadas para permitir el análisis multidimensional de grandes volúmenes de datos de manera rápida y flexible. A diferencia de los sistemas OLTP, que se centran en el procesamiento de transacciones rápidas y frecuentes, los sistemas OLAP están orientados a realizar consultas complejas que facilitan la exploración de datos desde múltiples perspectivas. Esto es especialmente útil para la toma de decisiones estratégicas y tácticas en una organización.

- Fundamentos de OLAP

  Los sistemas OLAP se estructuran en base a datos multidimensionales, organizados en lo que se conoce como cubos OLAP. Un cubo OLAP es una representación de datos en múltiples dimensiones que permite a los usuarios visualizar e interactuar con la información desde diversos ángulos, como tiempo, geografía, o categorías de producto. Gracias a los cubos, los usuarios pueden realizar diversas operaciones de análisis:

  - **Drill-Down y Roll-Up:** Estas operaciones permiten profundizar en los datos para ver detalles específicos (drill-down) o resumirlos a un nivel más general (roll-up). Por ejemplo, un usuario puede analizar las ventas anuales y desglosarlas por trimestre, mes y día.

  - **Slice-and-Dice:** Facilita reorganizar y observar los datos desde distintos ángulos, permitiendo, por ejemplo, comparar ventas por región y luego cambiarlas para analizarlas por categoría de producto.

⇨ **Pivot:** Cambia las dimensiones de análisis para visualizar diferentes perspectivas, como alternar entre el análisis de ventas por región y el análisis de ventas por tiempo.

♦ Arquitectura de los Sistemas OLAP

Existen varias arquitecturas para implementar OLAP, cada una con sus ventajas:

⇨ **ROLAP (Relational OLAP):** Basado en bases de datos relacionales, permite almacenar grandes volúmenes de datos y es más escalable y flexible que otros tipos de OLAP. Genera cubos en tiempo de consulta mediante SQL.

⇨ **MOLAP (Multidimensional OLAP):** Utiliza cubos OLAP precalculados, almacenados en estructuras multidimensionales, lo cual ofrece un rendimiento muy rápido para consultas complejas debido a la preagregación de datos, aunque puede requerir más tiempo de carga inicial.

⇨ **HOLAP (Hybrid OLAP):** Combina ROLAP y MOLAP, ofreciendo un equilibrio entre rendimiento y flexibilidad, ya que almacena datos detallados en bases de datos relacionales y datos agregados en cubos OLAP.

♦ Beneficios de los Sistemas OLAP

Los sistemas OLAP aportan múltiples ventajas a las organizaciones:

⇨ **Análisis Multidimensional:** Permiten analizar datos desde diversas perspectivas, facilitando la detección de patrones y tendencias.

⇨ **Rapidez y Eficiencia:** Los cubos OLAP están diseñados para proporcionar tiempos de respuesta rápidos, lo que es esencial para consultas complejas en entornos de toma de decisiones.

⇨ **Interactividad:** Permiten a los usuarios explorar los datos de manera dinámica, lo que fomenta un análisis flexible y profundo.

⇨ **Facilidad de Uso:** Las herramientas OLAP son intuitivas, con interfaces gráficas y opciones de arrastrar y soltar, lo que permite a los usuarios sin conocimientos avanzados en SQL analizar datos de manera sencilla.

⇨ **Soporte para la Toma de Decisiones:** Al brindar una plataforma sólida para el análisis de datos, permiten a las empresas responder rápidamente a cambios en el mercado y optimizar sus operaciones.

♦ Implementación de Sistemas OLAP

Implementar un sistema OLAP requiere una planificación detallada para cumplir con las necesidades de análisis de la organización. Los pasos clave incluyen:

⇨ **Definición de Requisitos:** Identificar las preguntas de negocio, las dimensiones y métricas necesarias para el análisis, y el tipo de informes requeridos.

⇨ **Diseño de Cubos OLAP:** Crear cubos OLAP con dimensiones, jerarquías y medidas que optimicen las consultas y permitan una estructura eficiente para el análisis.

⇨ **Selección de Herramientas OLAP:** Elegir herramientas OLAP que se adapten a los requisitos específicos. Existen soluciones comerciales (como Microsoft SSAS y IBM Cognos) y de código abierto (como Apache Kylin y Mondrian).

⇨ **Extracción, Transformación y Carga (ETL):** Implementar procesos ETL para extraer datos de fuentes operacionales, transformarlos para asegurar calidad y consistencia, y cargarlos en los cubos OLAP.

⇨ **Desarrollo de Dashboards y Reportes:** Crear dashboards interactivos y reportes que permitan a los usuarios analizar los datos. Herramientas como Tableau y Power BI pueden integrarse con sistemas OLAP para ofrecer visualizaciones avanzadas.

⇨ **Capacitación y Soporte:** Capacitar a los usuarios en el uso del sistema y en la interpretación de los datos, proporcionando soporte continuo para maximizar el valor del sistema OLAP.

♦ Desafíos en la Implementación de Sistemas OLAP

La implementación de OLAP enfrenta ciertos retos:

⇨ **Complejidad en el Diseño:** Crear cubos escalables y eficientes es complejo, especialmente en organizaciones con muchos datos y dimensiones. Es crucial contar con expertos en modelado multidimensional.

⇨ **Rendimiento y Escalabilidad:** Optimizar el sistema para consultas rápidas y asegurar su escalabilidad con el crecimiento de datos es un reto constante, que requiere infraestructura robusta y ajustes regulares en ETL y en los cubos.

⇨ **Integración de Datos:** Integrar múltiples fuentes y asegurar la calidad y coherencia de los datos es fundamental, ya que los errores en este aspecto pueden impactar el análisis.

⇨ **Seguridad y Gobernanza de Datos:** La protección de los datos sensibles y el cumplimiento de normativas de privacidad exigen la implementación de controles de acceso y auditoría de datos para mantener la confianza en el sistema OLAP.

⇨ **Adopción por Parte de los Usuarios:** Lograr que los usuarios adopten el sistema puede ser complicado, especialmente si están acostumbrados a otros métodos de análisis. La capacitación continua y el soporte son claves para una adopción exitosa.

♦ Mejores Prácticas para la Implementación de Sistemas OLAP

Para asegurar el éxito de un sistema OLAP es recomendable:

⇨ **Colaborar con los Usuarios Finales:** Involucrarlos desde el inicio asegura que el sistema OLAP cumpla con sus necesidades. La retroalimentación mejora la utilidad y aceptación del sistema.

⇨ **Automatizar Procesos ETL:** Automatizar la extracción, transformación y carga de datos mejora la eficiencia y reduce errores, además de mantener los datos actualizados sin afectar el rendimiento.

⇨ **Monitoreo y Optimización:** Implementar monitoreo para detectar problemas de rendimiento y realizar optimizaciones constantes que aseguren una experiencia de usuario fluida.

- ⇨ **Gestión de la Calidad de los Datos:** Validar, limpiar y enriquecer los datos es fundamental para que los usuarios confíen en el sistema OLAP.
- ⇨ **Documentación y Capacitación:** Mantener una documentación detallada y capacitar a los usuarios en el uso de OLAP ayuda a mejorar la adopción y el valor del sistema.

En conclusión, los sistemas OLAP son fundamentales para un análisis profundo y flexible de datos en las organizaciones. Su correcta implementación y gestión pueden incrementar la eficiencia operativa, apoyar la toma de decisiones estratégicas y mejorar la competitividad de la empresa. Sin embargo, enfrentar los desafíos relacionados con el diseño, rendimiento, integración, seguridad y adopción es crucial para asegurar el éxito a largo plazo de los sistemas OLAP.

RESUMEN

Los sistemas OLTP (Online Transaction Processing) y OLAP (Online Analytical Processing) son fundamentales en la gestión de datos, pero cumplen funciones diferentes. Los OLTP están diseñados para manejar las transacciones diarias de una organización, como las ventas en un supermercado o las operaciones bancarias, garantizando rapidez, eficiencia y precisión. Se basan en el modelo relacional de datos, que organiza los datos en tablas relacionadas entre sí, asegurando la integridad y consistencia mediante claves primarias y foráneas. Las consultas SQL son el principal medio para interactuar con estos sistemas, donde el enfoque está en el rendimiento y la manipulación rápida de datos.

Por otro lado, los OLAP están diseñados para el análisis de grandes volúmenes de datos históricos y permiten realizar consultas complejas. Los datos en OLAP se organizan en modelos multidimensionales, permitiendo el análisis desde diferentes perspectivas. Los conceptos de hechos y dimensiones son claves en OLAP: los hechos son datos cuantitativos, como las ventas, mientras que las dimensiones son categorías que proporcionan contexto, como el tiempo o la geografía. Estos datos se estructuran en esquemas como estrella o copo de nieve para facilitar el análisis.

La implementación de un datawarehouse incluye varios componentes. La staging area es una etapa temporal donde los datos se limpian y transforman antes de ser cargados. El ODS (Operational Data Store) integra datos de diversas fuentes para tareas operacionales. El DDS (Dimensional Data Store) organiza los datos para un análisis eficiente, y los datamarts se centran en áreas específicas de la empresa, como ventas o finanzas. Finalmente, los sistemas OLAP permiten realizar análisis interactivos y multidimensionales, facilitando la toma de decisiones estratégicas.

En resumen, los sistemas OLTP y OLAP cumplen funciones complementarias en la gestión de datos: los primeros gestionan las operaciones diarias, mientras que los segundos facilitan el análisis y la toma de decisiones basadas en datos históricos.

AUTOEVALUACIÓN

1. ¿Cuál es la principal función de los sistemas OLTP?
   - **A.** Analizar grandes volúmenes de datos históricos.
   - **B.** Manejar transacciones diarias de forma eficiente.
   - **C.** Generar reportes para la toma de decisiones estratégicas.

2. ¿Qué concepto organiza los datos en tablas relacionadas en un sistema OLTP?
   - **A.** Modelo multidimensional de datos.
   - **B.** Modelo jerárquico de datos.
   - **C.** Modelo relacional de datos.

3. ¿Cuál es una de las principales ventajas de los sistemas OLAP?
   - **A.** Permitir análisis simple de transacciones individuales.
   - **B.** Facilitar análisis multidimensional de grandes volúmenes de datos.
   - **C.** Procesar transacciones en tiempo real.

4. ¿Qué representan los "hechos" en un sistema OLAP?
   - **A.** Atributos descriptivos que organizan los datos.
   - **B.** Datos cualitativos sobre las dimensiones.
   - **C.** Datos cuantitativos que la empresa desea analizar.

5. ¿Qué caracteriza a un esquema de estrella en un sistema OLAP?
   - **A.** Tablas normalizadas sin relación entre sí.
   - **B.** Una tabla de hechos central conectada directamente a varias tablas de dimensiones.
   - **C.** Tablas de hechos altamente desnormalizadas.

6. ¿Cuál es una de las principales funciones de un ODS (Operational Data Store)?
   - **A.** Almacenar datos históricos para análisis estratégicos.
   - **B.** Integrar datos operacionales en tiempo real para operaciones tácticas.
   - **C.** Realizar consultas complejas sobre grandes volúmenes de datos.

ICB
EDITORES

MÓDULO

3. Minería de Datos

Contenido del Módulo

ICB
EDITORES

UNIDAD

3.1. Proceso de Minería de Datos y Métodos

Contenido de la Unidad

- Entender el Negocio
- Entender los Datos
- Modelado
- Evaluación
- Despliegue de la Minería de Datos
- Resumen
- Autoevaluación

ICB
EDITORES

1. Entender el Negocio

Introducción a la Minería de Datos

La minería de datos es un proceso que implica explorar y analizar grandes volúmenes de datos para descubrir patrones, relaciones y conocimientos útiles. Este proceso se utiliza en una variedad de campos como el marketing, la medicina, las finanzas y muchas otras áreas para tomar decisiones informadas y estratégicas.

En esencia, la minería de datos combina técnicas de estadística, inteligencia artificial y aprendizaje automático para identificar tendencias y patrones en los datos que no son inmediatamente obvios. El objetivo es transformar datos brutos en información significativa que pueda ser utilizada para mejorar procesos, prever comportamientos futuros y tomar decisiones basadas en datos.

A lo largo de este tema, exploraremos las diferentes etapas del proceso de minería de datos y los métodos más comunes utilizados en cada etapa, proporcionando una base sólida para entender y aplicar la minería de datos en diversos contextos.

La primera etapa del proceso de minería de datos es fundamental para el éxito de cualquier proyecto: entender el negocio. Antes de sumergirse en el análisis de datos, es crucial tener una comprensión clara de los objetivos y necesidades del negocio. Esto garantiza que el análisis de datos esté alineado con los objetivos estratégicos de la organización y que los resultados obtenidos sean relevantes y útiles.

1. Definición de Objetivos del Negocio

   El primer paso es definir claramente los objetivos del negocio. Esto implica identificar qué es lo que se espera lograr con el proyecto de minería de datos. Por ejemplo, una empresa de ventas podría querer aumentar sus ingresos a través de la identificación de clientes potenciales, mejorar la retención de clientes existentes o optimizar su inventario. Definir estos objetivos de manera precisa es esencial, ya que guiarán todo el proceso de análisis.

2. Identificación de Problemas y Oportunidades

   Una vez definidos los objetivos, es importante identificar los problemas específicos que se desean resolver y las oportunidades que se pueden aprovechar mediante la minería de datos. Esto puede incluir desafíos como la disminución de la tasa de conversión de ventas, el aumento de las tasas de abandono de clientes, o la necesidad de segmentar mejor a los clientes para campañas de marketing más efectivas.

3. Comprensión del Entorno del Negocio

   Para entender completamente el negocio, también es necesario comprender su entorno. Esto incluye factores como el mercado en el que opera la empresa, la competencia, las tendencias del sector y las regulaciones legales que puedan afectar el análisis y el uso de los datos. Tener un conocimiento profundo del entorno ayuda a contextualizar los resultados del análisis y a tomar decisiones más informadas.

4. Identificación de Stakeholders

   En esta etapa, es crucial identificar a todos los stakeholders o partes interesadas en el proyecto de minería de datos. Los stakeholders pueden incluir directivos, gerentes de departamento, analistas de datos, y otros empleados que serán impactados por los resultados del proyecto. Es importante entender sus expectativas y requerimientos, ya que esto garantizará que el proyecto de minería de datos sea aceptado y apoyado dentro de la organización.

5. Recolección de Información Relevante

   Con los objetivos claros y los stakeholders identificados, el siguiente paso es recolectar toda la información relevante sobre el negocio. Esto puede incluir reportes financieros, datos de ventas, encuestas de satisfacción del cliente, datos de marketing, entre otros. Esta información será la base sobre la cual se construirá el análisis de datos.

6. Formular Hipótesis Iniciales

   Antes de empezar con el análisis de datos, es útil formular hipótesis iniciales sobre los posibles resultados. Estas hipótesis están basadas en la experiencia y el conocimiento del negocio y sirven como puntos de partida para el análisis. Por ejemplo, si el objetivo es mejorar la retención de clientes, una hipótesis podría ser que los clientes que utilizan el servicio de atención al cliente con frecuencia tienen una mayor tasa de retención.

7. Planificación del Proyecto de Minería de Datos

   Finalmente, es importante planificar el proyecto de minería de datos en detalle. Esto incluye definir los recursos necesarios, establecer un cronograma, y asignar responsabilidades. Una planificación cuidadosa asegura que el proyecto se mantenga en curso y que todos los involucrados estén alineados con los objetivos y expectativas.

Entender el negocio es una etapa crucial en el proceso de minería de datos. Al definir claramente los objetivos del negocio, identificar problemas y oportunidades, comprender el entorno, identificar stakeholders, recolectar información relevante, formular hipótesis iniciales y planificar el proyecto, se sientan las bases para un análisis de datos exitoso y relevante para la organización.

2. Entender los Datos

Una vez que se ha comprendido el negocio y se han definido los objetivos del proyecto de minería de datos, el siguiente paso es entender los datos. Esta etapa es crucial porque la calidad del análisis depende en gran medida de la calidad y la comprensión de los datos disponibles. A continuación, se detallan los pasos esenciales para entender los datos:

1. Recolección de Datos

El primer paso es recolectar los datos que se van a utilizar en el análisis. Estos datos pueden provenir de diversas fuentes dentro de la organización, como bases de datos de ventas, sistemas de gestión de clientes (CRM), registros financieros, encuestas, y otros sistemas operativos. Es importante asegurarse de que los datos recolectados sean relevantes para los objetivos definidos en la etapa de comprensión del negocio.

2. Exploración de Datos

Una vez recolectados, los datos deben ser explorados para entender su estructura, características y calidad. Esta exploración inicial incluye:

⇨ **Descripción de los Datos:** Identificar el tipo de datos (numéricos, categóricos, de texto, etc.), el formato en el que están almacenados, y la estructura general de los datos (filas y columnas).

⇨ **Distribución de los Datos:** Analizar la distribución de los datos para cada variable. Esto puede implicar la creación de histogramas, gráficos de barras y otros tipos de visualizaciones para entender cómo se distribuyen los datos.

⇨ **Detección de Valores Faltantes:** Identificar si hay valores faltantes en el conjunto de datos y evaluar la cantidad y la distribución de estos valores.

⇨ **Identificación de Outliers:** Detectar valores atípicos o anómalos que podrían influir negativamente en el análisis.

3. Evaluación de la Calidad de los Datos

Evaluar la calidad de los datos es un paso crítico en esta etapa. Datos de baja calidad pueden conducir a resultados engañosos o incorrectos. La evaluación de la calidad incluye:

⇨ **Precisión:** Verificar si los datos son exactos y libres de errores.

⇨ **Consistencia:** Asegurarse de que los datos sean consistentes en todas las fuentes y a lo largo del tiempo.

⇨ **Completitud:** Evaluar si todos los datos necesarios están presentes y si hay valores faltantes significativos.

- ⇨ **Actualidad:** Verificar que los datos estén actualizados y sean relevantes para el análisis actual.
- ⇨ **Relevancia:** Asegurarse de que los datos recolectados sean relevantes para los objetivos del negocio establecidos en la etapa anterior.

4. Transformación de Datos

   Los datos recolectados rara vez están en la forma exacta que se necesita para el análisis. La transformación de datos implica una serie de pasos para preparar los datos para el análisis:

   - ⇨ **Limpieza de Datos:** Corregir errores, manejar valores faltantes, y eliminar duplicados.
   - ⇨ **Integración de Datos:** Combinar datos de diferentes fuentes en un conjunto de datos coherente.
   - ⇨ **Conversión de Datos:** Convertir datos a formatos adecuados, como convertir fechas a un formato estándar o transformar datos categóricos en variables numéricas.
   - ⇨ **Normalización y Escalado:** Ajustar las escalas de las variables para asegurar que tengan una influencia equilibrada en el análisis.

5. Selección de Datos

   No todos los datos recolectados serán necesarios para el análisis. La selección de datos implica elegir las variables y registros que son más relevantes para los objetivos del análisis. Este paso ayuda a reducir la complejidad del modelo y a mejorar su desempeño.

6. Análisis Exploratorio de Datos (EDA)

   El Análisis Exploratorio de Datos (EDA) es una fase clave en la que se utilizan técnicas estadísticas y visualizaciones para resumir las principales características de los datos y descubrir patrones interesantes. El EDA incluye:

   - ⇨ **Visualización de Datos:** Utilizar gráficos y diagramas para entender mejor las relaciones entre variables.

- ⇨ **Estadísticas Descriptivas:** Calcular medidas como la media, la mediana, la desviación estándar, y otras estadísticas para resumir los datos.
- ⇨ **Identificación de Relaciones:** Buscar correlaciones y relaciones entre variables que puedan ser relevantes para el análisis.

7. Documentación de los Datos

   Finalmente, es esencial documentar todo lo que se ha aprendido sobre los datos. Esta documentación debe incluir detalles sobre la recolección, exploración, evaluación, transformación, y selección de datos. Una buena documentación asegura que cualquier persona que trabaje en el proyecto pueda entender y reproducir los pasos realizados.

Entender los datos es una etapa fundamental en el proceso de minería de datos que asegura que el análisis se base en datos de alta calidad y relevantes. Este proceso incluye la recolección, exploración, evaluación, transformación, selección y documentación de datos, proporcionando una base sólida para las etapas posteriores del modelado y análisis.

La preparación de los datos es una fase fundamental en el proceso de minería de datos, ya que la calidad y el formato de los datos influyen directamente en la precisión y efectividad de los modelos que se desarrollen. Es, además, una de las etapas más laboriosas y consume la mayor parte del tiempo en un proyecto de este tipo.

- ♦ Selección de Datos

  La selección de datos consiste en elegir, a partir de las fuentes disponibles, aquellos datos que resulten más relevantes para el análisis. En esta etapa se identifican las fuentes de datos, que pueden incluir bases internas, archivos o servicios web, y se evalúa la pertinencia de la información para los objetivos del proyecto, seleccionando únicamente los datos relevantes. En algunos casos, es necesario reducir el número de variables para simplificar el modelo, lo que se logra a través de técnicas de reducción de dimensiones.

- ♦ Limpieza de Datos

La limpieza de datos es el proceso mediante el cual se identifican y corrigen o eliminan errores e inconsistencias para mejorar la calidad de los datos. Esto incluye el tratamiento de valores faltantes, ya sea imputando valores, eliminando registros incompletos o aplicando métodos estadísticos para estimar los valores perdidos. También se corrigen errores tipográficos, duplicados y datos inconsistentes, además de filtrar aquellos datos irrelevantes que no aportan valor al análisis.

- Transformación de Datos

La transformación de datos adapta la información a un formato adecuado para el análisis, lo cual puede incluir normalización y estandarización para que los datos se encuentren en una misma escala, una necesidad para ciertos algoritmos. Asimismo, se codifican las variables categóricas mediante técnicas como one-hot encoding o label encoding, y en ciertos casos se agregan datos combinando varios registros en uno solo, por ejemplo, a través de operaciones de promedio o suma, simplificando así el análisis.

- Reducción de Datos

La reducción de datos busca disminuir el volumen de datos manteniendo la misma calidad analítica. Esto puede hacerse mediante la selección de características, que consiste en identificar las variables más importantes para el análisis. También se aplican técnicas de reducción de dimensionalidad, como el Análisis de Componentes Principales (PCA), que reduce el número de variables conservando la mayor cantidad posible de información.

- Integración de Datos

La integración de datos unifica la información de distintas fuentes para crear una vista consolidada, especialmente importante cuando se trabaja con datos provenientes de múltiples sistemas. Esto incluye la resolución de conflictos de esquema, es decir, la unificación de formatos y estructuras distintas, así como la consolidación de registros duplicados que representen la misma entidad.

- Construcción de Conjuntos de Datos

En la fase final de preparación, se construyen los conjuntos de datos para el análisis y el modelado. Aquí se definen los conjuntos de entrenamiento y prueba, dividiendo los datos de manera que se pueda entrenar el modelo y validar su rendimiento. Además, en problemas de clasificación, se ajusta el balance de clases para evitar sesgos en el modelo, asegurando que las clases estén equilibradas.

La preparación de los datos es una tarea exhaustiva pero esencial que garantiza que los datos estén en las mejores condiciones para el análisis. Una adecuada preparación de los datos no solo incrementa la calidad de los modelos de minería de datos, sino que también mejora los resultados del proyecto en su conjunto.

3. Modelado

El modelado es una etapa clave en la minería de datos, donde los datos preparados se emplean para construir modelos que pueden realizar predicciones o revelar patrones significativos. En esta fase, se aplican algoritmos y técnicas estadísticas para extraer información valiosa, logrando que los modelos sean capaces de ofrecer predicciones precisas y útiles. A continuación, se presentan los pasos esenciales de este proceso:

1. Selección de Técnicas de Modelado

   El primer paso consiste en elegir los algoritmos o técnicas más adecuados en función del problema que se quiere resolver, ya sea clasificación, regresión, clustering, etc. La elección también depende de las características de los datos y los objetivos del análisis. Entre las técnicas comunes encontramos:

   ⇨ **Regresión Lineal:** Ideal para predecir valores numéricos continuos.

   ⇨ **Árboles de Decisión:** Útiles para resolver problemas tanto de clasificación como de regresión.

   ⇨ **Redes Neuronales:** Indicadas para tareas complejas como reconocimiento de patrones y clasificación.

   ⇨ **Máquinas de Soporte Vectorial (SVM):** Eficaces en problemas de clasificación y regresión.

- **Algoritmos de Clustering:** Como k-means, empleados para agrupar datos en distintos clusters.

2. División de los Datos en Conjuntos de Entrenamiento y Prueba

   Para evaluar correctamente el rendimiento del modelo, los datos se dividen en dos conjuntos: uno de entrenamiento y otro de prueba. El conjunto de entrenamiento se utiliza para ajustar los parámetros del modelo, mientras que el conjunto de prueba permite evaluar su capacidad para predecir con precisión datos no vistos. Esta división es esencial para medir la capacidad de generalización del modelo.

3. Entrenamiento del Modelo

   Durante el entrenamiento, el modelo emplea el conjunto de datos de entrenamiento para aprender patrones y relaciones en los datos, ajustando sus parámetros para minimizar los errores de predicción. Este proceso busca optimizar el modelo para que pueda hacer predicciones precisas al identificar patrones de manera efectiva.

4. Evaluación del Modelo

   Una vez entrenado, el modelo se evalúa con el conjunto de prueba, analizando su precisión y capacidad de predicción. Las métricas de evaluación comunes incluyen:

   - **Precisión:** Proporción de predicciones correctas sobre el total de predicciones.
   - **Recall (Sensibilidad):** Capacidad del modelo para identificar correctamente instancias positivas.
   - **F1-Score:** Media armónica de la precisión y el recall, útil para problemas de clasificación.
   - **Matriz de Confusión:** Tabla que muestra las predicciones correctas e incorrectas por clase.
   - **Error Cuadrático Medio (MSE):** Indicador de error en modelos de regresión.

5. Ajuste del Modelo (Tuning)

   Después de la evaluación inicial, puede ser necesario ajustar el modelo para mejorar su rendimiento. Este ajuste se conoce como tuning e implica modificar los hiperparámetros, que son parámetros que no se ajustan durante el entrenamiento, pero que afectan el rendimiento del modelo. Ejemplos de hiperparámetros son la profundidad de los árboles en un árbol de decisión o la tasa de aprendizaje en una red neuronal.

6. Validación Cruzada

   Para asegurar que el modelo generalice bien en distintos conjuntos de datos, se emplea la validación cruzada, que divide los datos en varios subconjuntos y entrena el modelo múltiples veces, alternando los conjuntos de prueba y entrenamiento. Este método reduce el riesgo de sobreajuste y ofrece una estimación más precisa del rendimiento del modelo.

7. Interpretación del Modelo

   Una vez ajustado y validado el modelo, es esencial interpretar sus resultados, entendiendo cómo las variables de entrada afectan las predicciones y qué patrones ha identificado. Esto es particularmente relevante en modelos complejos como las redes neuronales, donde las relaciones entre variables pueden ser menos evidentes.

8. Documentación y Comunicación de Resultados

   Finalmente, documentar todo el proceso de modelado es crucial, desde la selección de técnicas hasta los ajustes y evaluaciones realizadas. La documentación debe ser clara y detallada para facilitar la reproducibilidad del análisis. Además, los resultados deben presentarse de manera comprensible a los stakeholders, destacando las implicaciones prácticas de los hallazgos y cómo pueden apoyar decisiones informadas.

Para concluir, el modelado en minería de datos es un proceso meticuloso que implica seleccionar técnicas adecuadas, entrenar y evaluar modelos, y realizar ajustes para optimizar su desempeño. La interpretación y documentación adecuadas aseguran que los resultados obtenidos sean comprensibles y aplicables a los objetivos del negocio.

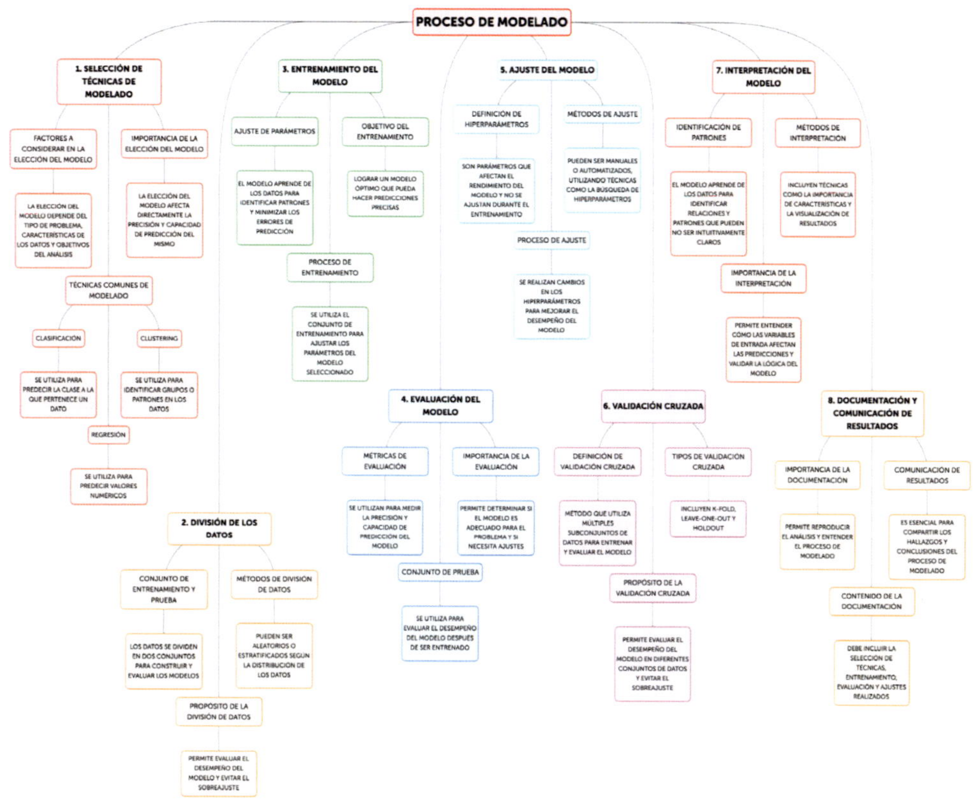

4. Evaluación

La evaluación es una etapa crítica en el proceso de minería de datos, ya que permite determinar la efectividad y precisión de los modelos creados. Durante esta fase, se analiza el desempeño del modelo utilizando diferentes métricas y técnicas para asegurarse de que cumple con los objetivos del negocio y se ajusta correctamente a los datos. A continuación, se describen los pasos esenciales en la evaluación de modelos de minería de datos:

1. Definir Criterios de Evaluación

   El primer paso en la evaluación es definir claramente los criterios de evaluación que se utilizarán para medir el desempeño del modelo. Estos criterios deben estar alineados con los objetivos del negocio establecidos en las primeras etapas del proceso. Los criterios comunes incluyen:

- ⇨ **Precisión (Accuracy):** Proporción de predicciones correctas realizadas por el modelo.
- ⇨ **Recall (Sensibilidad):** Capacidad del modelo para identificar correctamente todas las instancias positivas.
- ⇨ **Precisión (Precision):** Proporción de verdaderas instancias positivas sobre el total de instancias clasificadas como positivas.
- ⇨ **F1-Score:** Media armónica de la precisión y el recall, proporcionando un balance entre ambas métricas.
- ⇨ **ROC-AUC (Área Bajo la Curva de Característica Operativa del Receptor):** Mide la capacidad del modelo para distinguir entre clases.
- ⇨ **Error Cuadrático Medio (MSE) y Error Absoluto Medio (MAE):** Utilizados para evaluar modelos de regresión, midiendo la magnitud promedio de los errores de predicción.

2. Evaluación del Modelo con el Conjunto de Prueba

   El conjunto de prueba, que no fue utilizado durante el entrenamiento del modelo, se emplea para evaluar su desempeño. Esto ayuda a garantizar que el modelo generalice bien a nuevos datos y no esté sobreajustado al conjunto de entrenamiento. Se aplican las métricas de evaluación definidas para medir la calidad de las predicciones del modelo.

3. Validación Cruzada

   La validación cruzada es una técnica que permite una evaluación más robusta del modelo. En la validación cruzada, los datos se dividen en varios subconjuntos o pliegues. El modelo se entrena múltiples veces, cada vez utilizando un pliegue diferente como conjunto de prueba y los demás como conjunto de entrenamiento. Esto ayuda a obtener una estimación más precisa del desempeño del modelo y reduce la variabilidad asociada con una sola partición de los datos.

4. Evaluación de la Generalización del Modelo

   Es fundamental evaluar cómo se comporta el modelo con datos nuevos y no vistos para garantizar que las predicciones sean fiables en un entorno real. La capacidad del modelo para generalizar se puede medir mediante técnicas como la validación cruzada y el uso de un conjunto de validación independiente.

5. Análisis de Errores

   El análisis de errores implica examinar las predicciones incorrectas del modelo para identificar patrones y posibles áreas de mejora. Este análisis puede revelar si ciertos tipos de datos o instancias específicas son difíciles de predecir para el modelo, lo que puede llevar a ajustes adicionales en el modelo o en la preparación de los datos.

6. Comparación con Modelos Alternativos

   Comparar el modelo evaluado con otros modelos alternativos es una buena práctica para asegurarse de que se ha elegido el mejor enfoque posible. Esto puede incluir el uso de diferentes algoritmos de modelado o variaciones en los hiperparámetros. La comparación se basa en las mismas métricas de evaluación para asegurar una comparación justa.

7. Evaluación de la Interpretabilidad del Modelo

   En muchos casos, no solo es importante que el modelo sea preciso, sino también que sea interpretable. La interpretabilidad del modelo se refiere a la facilidad con la que los stakeholders pueden entender cómo el modelo toma decisiones. Modelos como los árboles de decisión son más fáciles de interpretar en comparación con modelos más complejos como las redes neuronales. Evaluar la interpretabilidad puede ser crucial para la aceptación y el uso del modelo en un entorno de negocio.

8. Revisión de los Resultados con Stakeholders

   Después de realizar la evaluación técnica del modelo, es importante revisar los resultados con los stakeholders. Esta revisión debe incluir una explicación clara de las métricas de desempeño, cualquier limitación del modelo, y cómo los resultados pueden ser aplicados para cumplir con los objetivos del negocio. La retroalimentación de los stakeholders puede proporcionar información valiosa para posibles ajustes o mejoras.

9. Documentación del Proceso de Evaluación

Finalmente, documentar todo el proceso de evaluación es crucial. Esta documentación debe incluir los criterios de evaluación utilizados, los resultados obtenidos, cualquier análisis de errores realizado, y las decisiones tomadas basadas en estos resultados. Una buena documentación asegura la transparencia del proceso y facilita futuras mejoras y auditorías.

La evaluación es una etapa vital en el proceso de minería de datos que garantiza que los modelos construidos sean efectivos, precisos y adecuados para los objetivos del negocio. Al seguir una metodología rigurosa de evaluación, se puede confiar en que los modelos proporcionarán valor real y aplicable a la organización.

5. Despliegue de la Minería de Datos

El despliegue es la etapa final en el proceso de minería de datos, donde los modelos y resultados obtenidos se implementan en un entorno real para ser utilizados en la toma de decisiones y en la mejora de procesos de negocio. Esta fase es crucial para asegurar que el valor obtenido del análisis de datos se traduzca en beneficios tangibles para la organización. A continuación, se describen los pasos esenciales para un despliegue exitoso:

1. Planificación del Despliegue

   El primer paso en el despliegue es planificar cuidadosamente cómo se implementarán los modelos y resultados. Esto incluye definir el alcance del despliegue, identificar los recursos necesarios, y establecer un cronograma detallado. La planificación debe considerar tanto los aspectos técnicos como los organizacionales, asegurando que todos los stakeholders estén alineados y que haya una estrategia clara para la implementación.

2. Preparación del Entorno de Despliegue

   Antes de implementar el modelo, es necesario preparar el entorno de despliegue. Esto puede implicar la configuración de servidores, bases de datos, y otros componentes de infraestructura necesarios para ejecutar el modelo. Además, se deben establecer procesos para la recopilación y el flujo continuo de datos hacia el modelo para asegurar que se mantenga actualizado y funcione correctamente en tiempo real.

3. Implementación del Modelo

La implementación del modelo puede realizarse de diversas maneras, dependiendo de las necesidades del negocio y de la infraestructura disponible. Algunas opciones comunes incluyen:

⇨ **Integración en Aplicaciones Existentes:** Incrustar el modelo dentro de aplicaciones de software ya utilizadas por la organización, como sistemas CRM, plataformas de marketing, o herramientas de gestión de inventarios.

⇨ **APIs y Servicios Web:** Exponer el modelo como un servicio web o API, permitiendo que diferentes sistemas y aplicaciones puedan acceder a sus predicciones y resultados.

⇨ **Herramientas de Business Intelligence (BI):** Integrar el modelo con herramientas de BI para que los resultados puedan ser visualizados y analizados fácilmente por los usuarios de negocio.

4. Validación del Despliegue

Después de la implementación inicial, es crucial validar que el modelo funciona correctamente en el entorno real. Esto implica verificar que las predicciones sean precisas y que el modelo se esté ejecutando de manera eficiente. También es importante asegurarse de que todos los datos necesarios estén disponibles y se estén procesando correctamente. La validación puede incluir pruebas piloto y la revisión de resultados iniciales con los stakeholders.

5. Monitoreo y Mantenimiento

   Una vez que el modelo está en producción, se requiere un monitoreo continuo para asegurar su desempeño y detectar cualquier problema que pueda surgir. El monitoreo incluye:

   ⇨ **Rendimiento del Modelo:** Supervisar la precisión y efectividad del modelo en el tiempo, asegurando que continúe proporcionando resultados valiosos.

   ⇨ **Eficiencia Operativa:** Vigilar el uso de recursos y la eficiencia del modelo, asegurando que no esté causando cuellos de botella o problemas de rendimiento en el sistema.

   ⇨ **Actualizaciones y Mejoras:** Realizar ajustes y mejoras al modelo según sea necesario, basados en el monitoreo continuo y en la retroalimentación de los usuarios.

6. Capacitación y Soporte

   Para maximizar el valor del modelo desplegado, es importante proporcionar capacitación y soporte a los usuarios finales. Esto incluye:

   ⇨ **Formación en el Uso del Modelo:** Enseñar a los usuarios cómo interpretar y utilizar los resultados del modelo para tomar decisiones informadas.

   ⇨ **Documentación y Guías:** Proveer documentación clara y accesible sobre el modelo, incluyendo cómo fue desarrollado, cómo funciona, y cómo debe ser utilizado.

   ⇨ **Soporte Técnico:** Establecer canales de soporte para resolver cualquier problema técnico o pregunta que los usuarios puedan tener respecto al modelo.

7. Evaluación del Impacto

   Después de un periodo de uso, es importante evaluar el impacto del modelo en el negocio. Esto implica medir los beneficios tangibles obtenidos, como el aumento de ingresos, la mejora en la eficiencia operativa, o la reducción de costos. La evaluación del impacto ayuda a justificar el valor del proyecto de minería de datos y a identificar áreas para futuras mejoras.

8. Iteración y Mejora Continua

   El despliegue de un modelo de minería de datos no es el fin del proceso. En un entorno dinámico, los datos y las necesidades del negocio pueden cambiar, lo que requiere una mejora continua del modelo. Esto implica iterar sobre las etapas anteriores, recolectar nuevos datos, reevaluar el modelo, y ajustar los parámetros según sea necesario para mantener su relevancia y efectividad.

   El despliegue de la minería de datos es una etapa esencial que lleva los resultados del análisis a la práctica, permitiendo que las organizaciones tomen decisiones informadas basadas en datos. Al planificar cuidadosamente, preparar el entorno adecuado, validar el modelo, monitorear su desempeño, y proporcionar soporte continuo, se puede asegurar que el modelo entregue valor real y sostenible al negocio.

RESUMEN

La minería de datos es un proceso que permite analizar grandes volúmenes de información para descubrir patrones, relaciones y conocimientos útiles que ayuden a la toma de decisiones. Se combina con técnicas de estadística, inteligencia artificial y aprendizaje automático, y se aplica en campos como el marketing, finanzas y medicina. El objetivo es transformar datos crudos en información valiosa que permita optimizar procesos y prever comportamientos futuros.

El primer paso en la minería de datos es entender el negocio. Esto implica definir los objetivos claros que se quieren lograr con el análisis de datos, identificar problemas específicos o áreas de oportunidad, comprender el entorno empresarial y el mercado en el que se opera, así como involucrar a todas las partes interesadas (stakeholders) que puedan verse afectadas por el proyecto. También es importante recopilar la información relevante del negocio, como reportes financieros y datos de ventas, y formular hipótesis iniciales sobre posibles resultados antes de planificar el proyecto.

Entender los datos es otro paso crucial. Primero se recopilan los datos que serán analizados, para luego explorar su estructura, características y calidad. Se deben identificar valores faltantes o datos anómalos que puedan afectar el análisis. Además, es importante evaluar la calidad de los datos en términos de precisión, consistencia, completitud y relevancia para asegurar que se alineen con los objetivos del negocio. Posteriormente, los datos se transforman para facilitar el análisis, lo que puede incluir su limpieza, normalización y conversión a formatos adecuados. La selección cuidadosa de los datos y la documentación completa de su estructura garantizan una base sólida para el análisis.

La preparación de los datos es clave para asegurar que el análisis sea preciso. Este proceso incluye la selección de las variables más importantes, la limpieza para corregir errores y valores faltantes, y la transformación de los datos en un formato adecuado para los modelos de minería. También se puede aplicar la reducción de dimensiones o la integración de datos de diversas fuentes para mejorar la cohesión del análisis.

El modelado es donde se aplican diferentes técnicas para generar modelos predictivos o descriptivos, utilizando algoritmos como la regresión, árboles de decisión o redes neuronales. Se dividen los datos en conjuntos de entrenamiento y prueba, se entrena el modelo y se evalúa su precisión y capacidad predictiva. La validación cruzada y el ajuste de los hiperparámetros optimizan el modelo, mientras que la interpretación de los resultados asegura que los hallazgos sean comprensibles y útiles para los tomadores de decisiones.

La evaluación del modelo es fundamental para determinar si cumple con los objetivos del negocio. Se analizan las predicciones utilizando métricas como la precisión, el recall y el F1-Score. Se comparan los resultados del modelo con otros enfoques alternativos y se analiza su capacidad de generalización. También es importante interpretar los errores del modelo para identificar posibles áreas de mejora.

Finalmente, el despliegue de los modelos en un entorno real permite que los resultados obtenidos se utilicen para la toma de decisiones. Se debe planificar el despliegue, preparar la infraestructura necesaria, validar que el modelo funcione correctamente y establecer un monitoreo continuo para mantener su rendimiento. También es importante proporcionar capacitación a los usuarios finales para que puedan aprovechar el modelo al máximo y evaluar su impacto en los resultados del negocio.

AUTOEVALUACIÓN

1. ¿Cuál es el objetivo principal de la minería de datos?
   - **A.** Transformar datos brutos en información significativa.
   - **B.** Almacenar grandes volúmenes de datos.
   - **C.** Crear gráficos para presentaciones.

2. ¿Cuál es el primer paso en el proceso de minería de datos?
   - **A.** Recolectar todos los datos posibles.
   - **B.** Entender el negocio y definir los objetivos.
   - **C.** Realizar la evaluación del modelo.

3. ¿Qué implica la limpieza de datos en el proceso de preparación?
   - **A.** Eliminar todas las filas vacías.
   - **B.** Corregir errores, manejar valores faltantes y eliminar duplicados.
   - **C.** Cambiar el formato de los datos.

4. ¿Qué técnica se utiliza para reducir la cantidad de variables en un análisis?
   - **A.** Análisis de Componentes Principales (PCA).
   - **B.** Árboles de decisión.
   - **C.** Máquinas de soporte vectorial.

5. ¿Qué es la validación cruzada?
   - **A.** Un método para evaluar el rendimiento del modelo utilizando varias particiones de los datos.
   - **B.** Un proceso de limpieza de datos.
   - **C.** Un método para corregir valores faltantes en los datos.

6. ¿Cuál es uno de los principales desafíos durante la etapa de preparación de datos?
   - **A.** Transformar datos en gráficos.
   - **B.** Seleccionar las variables correctas y tratar valores faltantes.
   - **C.** Seleccionar el algoritmo de minería de datos adecuado.

MÓDULO

4. Proceso de ETL

Contenido del Módulo

ICB
EDITORES

UNIDAD

4.1. Proceso de ETL

Contenido de la Unidad

- Extracción
- Transformación
- Carga
- Herramientas Comerciales
- Planificación y Monitorización del Proceso ETL
- Información Adicional
- Resumen
- Autoevaluación

1. EXTRACCIÓN

La fase de extracción es el primer paso en el proceso ETL y se centra en obtener datos de diversas fuentes para su posterior procesamiento y análisis. En esta sección, exploraremos las diversas fuentes de datos que son comunes en los entornos de inteligencia de negocios.

1. Bases de Datos Relacionales: Las bases de datos relacionales son una de las fuentes de datos más comunes y utilizadas. Estas bases de datos almacenan datos en tablas estructuradas con filas y columnas. Cada tabla representa una entidad y las relaciones entre las tablas se definen mediante claves primarias y foráneas. Ejemplos de bases de datos relacionales incluyen:

   ⇨ **MySQL:** Popular por su uso en aplicaciones web.

   ⇨ **Oracle:** Utilizado frecuentemente en grandes empresas debido a su robustez y características avanzadas.

   ⇨ **SQL Server:** Un sistema de gestión de bases de datos desarrollado por Microsoft.

   ⇨ **PostgreSQL:** Conocido por ser una base de datos relacional avanzada y de código abierto.

2. Archivos de Texto y CSV: Los archivos de texto y CSV (valores separados por comas) son formatos simples y ampliamente utilizados para almacenar datos estructurados. Estos archivos son fáciles de manejar y se utilizan comúnmente para la transferencia de datos entre sistemas. Los datos en archivos de texto y CSV se pueden extraer fácilmente mediante scripts o herramientas ETL.

3. Hojas de Cálculo: Las hojas de cálculo, como Microsoft Excel o Google Sheets, son otra fuente común de datos. Estas hojas permiten a los usuarios almacenar datos en un formato tabular y son populares en muchos entornos de trabajo debido a su facilidad de uso y familiaridad. Las herramientas ETL pueden extraer datos de hojas de cálculo para

integrarlos en sistemas de análisis de datos.

4. Sistemas ERP y CRM: Los sistemas de planificación de recursos empresariales (ERP) y de gestión de relaciones con los clientes (CRM) son esenciales en muchas organizaciones. Estos sistemas almacenan una gran cantidad de datos relacionados con las operaciones comerciales, finanzas, recursos humanos, ventas y marketing. Ejemplos de estos sistemas incluyen:
   - ⇨ **SAP:** Un sistema ERP muy utilizado en grandes empresas.
   - ⇨ **Oracle ERP:** Otro sistema ERP popular en el mercado.
   - ⇨ **Salesforce:** Un sistema CRM ampliamente utilizado para la gestión de relaciones con los clientes.
5. Datos de Redes Sociales: Con el auge de las redes sociales, la extracción de datos de plataformas como Facebook, Twitter, LinkedIn e Instagram se ha vuelto crucial para muchas empresas. Estos datos pueden proporcionar información valiosa sobre las preferencias y comportamientos de los clientes, así como sobre las tendencias del mercado.
6. APIs y Servicios Web: Las APIs (Interfaces de Programación de Aplicaciones) y los servicios web permiten a las aplicaciones comunicarse entre sí y acceder a datos de otras aplicaciones o servicios en línea. Las APIs pueden proporcionar acceso a una amplia gama de datos, desde información meteorológica hasta datos financieros y de comercio electrónico.
7. Data Lakes: Un data lake es un repositorio centralizado que permite almacenar grandes volúmenes de datos en su formato nativo, sin necesidad de estructurarlos previamente. Los data lakes son ideales para manejar datos no estructurados y semiestructurados, como logs de servidores, datos de sensores y archivos multimedia.
8. Datos en Tiempo Real: La extracción de datos en tiempo real se refiere a la captura de datos a medida que se generan. Esto es crucial para aplicaciones que requieren información actualizada constantemente,

como sistemas de monitoreo en tiempo real y análisis de flujo de eventos. Tecnologías como Apache Kafka y Amazon Kinesis son comunes en este tipo de escenarios.

9. Sistemas Legacy: Muchas organizaciones aún dependen de sistemas heredados (legacy systems) que pueden ser antiguos pero esenciales para sus operaciones. La extracción de datos de estos sistemas puede ser un desafío debido a su antigüedad y falta de compatibilidad con tecnologías modernas.

10. Fuentes de Datos No Estructurados: Además de las fuentes estructuradas, es importante considerar los datos no estructurados, como correos electrónicos, documentos de texto, archivos multimedia y datos de sensores. La extracción de estos datos puede requerir técnicas avanzadas como el procesamiento del lenguaje natural (NLP) y la visión por computadora.

11. Sistemas de Gestión de Contenidos (CMS): Los sistemas de gestión de contenidos, como WordPress, Drupal o Joomla, almacenan una gran cantidad de datos sobre el contenido web, usuarios y actividades del sitio. Extraer datos de estos sistemas puede ser útil para análisis de marketing digital y comportamiento del usuario.

12. Sistemas de Archivos: Los sistemas de archivos en redes corporativas y servidores contienen documentos, hojas de cálculo, presentaciones y otros archivos que pueden ser valiosos para el análisis. Herramientas como Apache Hadoop pueden ayudar a extraer y procesar estos datos en grandes volúmenes.

13. Internet de las Cosas (IoT): Los dispositivos IoT, como sensores, cámaras, dispositivos inteligentes y wearables, generan enormes cantidades de datos. Estos datos pueden ser extraídos y analizados para una variedad de aplicaciones, desde monitoreo ambiental hasta mantenimiento predictivo y análisis de salud.

14. Plataformas de Comercio Electrónico: Las plataformas de comercio electrónico, como Amazon, eBay, Shopify y Magento, contienen datos

valiosos sobre transacciones, inventarios, clientes y tendencias de ventas. Extraer estos datos puede ayudar a optimizar las operaciones de comercio electrónico y mejorar la experiencia del cliente.

15. Datos Públicos y Gobierno Abierto: Muchos gobiernos y organizaciones públicas ofrecen datos abiertos y accesibles para su uso. Estos datos pueden incluir estadísticas económicas, datos de censos, registros de salud pública y más. Fuentes como Data.gov y la Oficina de Estadísticas Laborales (BLS) de Estados Unidos son ejemplos de este tipo de datos.

16. Datos Geoespaciales: Los datos geoespaciales, provenientes de sistemas de información geográfica (GIS), satélites y dispositivos GPS, son cruciales para aplicaciones que requieren información sobre ubicaciones y mapas. Estos datos se utilizan en urbanismo, logística, monitoreo ambiental y muchas otras áreas.

17. Datos de Clickstream: Los datos de clickstream registran las acciones de los usuarios en un sitio web, como los enlaces que hacen clic, las páginas que visitan y el tiempo que pasan en cada página. Este tipo de datos es esencial para el análisis del comportamiento del usuario en línea y la optimización de sitios web.

18. Fuentes de Datos en la Nube: Con el auge de los servicios en la nube, muchas organizaciones almacenan sus datos en plataformas como Amazon Web Services (AWS), Google Cloud Platform (GCP) y Microsoft Azure. La extracción de datos de estos entornos en la nube puede proporcionar flexibilidad y escalabilidad.

19. Logs de Servidores: Los logs de servidores contienen registros detallados de todas las actividades que ocurren en un servidor, incluyendo accesos, errores y eventos del sistema. Analizar estos logs puede ayudar a mejorar la seguridad, el rendimiento y la gestión del sistema.

20. Bases de Datos NoSQL: Además de las bases de datos relacionales, las bases de datos NoSQL, como MongoDB, Cassandra y Redis, ofrecen almacenamiento flexible y escalable para datos no estructurados y semi-estructurados. Estas bases de datos son especialmente útiles para

aplicaciones que manejan grandes volúmenes de datos diversificados.

21. Fuentes de Datos Especializadas: Existen muchas fuentes de datos especializadas en diversos campos, como biología (bases de datos genómicas), finanzas (mercados de valores), meteorología (datos climáticos) y más. Cada una de estas fuentes requiere técnicas específicas de extracción y procesamiento.

22. Plataformas de Mensajería: Plataformas de mensajería y colaboración como Slack, Microsoft Teams y WhatsApp generan datos valiosos sobre la comunicación y colaboración en las organizaciones. Extraer y analizar estos datos puede proporcionar información sobre la productividad y las interacciones internas.

23. Datos de Transacciones Financieras: Los datos de transacciones financieras, como registros de tarjetas de crédito, movimientos bancarios y transacciones bursátiles, son fundamentales para análisis financieros, detección de fraudes y gestión de riesgos.

Métodos y Técnicas Utilizadas para Extraer Datos de Sistemas Heterogéneos

La extracción de datos de sistemas heterogéneos implica el uso de diversos métodos y técnicas para obtener datos de múltiples fuentes que pueden tener diferentes formatos, estructuras y tecnologías subyacentes. A continuación, se describen algunos de los métodos y técnicas más comunes:

1. Extracción Directa: La extracción directa implica acceder directamente a las bases de datos o sistemas fuente y extraer los datos necesarios. Este método se utiliza comúnmente cuando las fuentes de datos son accesibles y se tiene el conocimiento adecuado sobre su estructura.

   - ⇨ Conexiones JDBC/ODBC: Utilizadas para conectarse a bases de datos relacionales.
   - ⇨ Consultas SQL: Permiten extraer datos específicos mediante instrucciones SQL.

2. Extracción a Través de APIs: Las APIs (Interfaces de Programación de

Aplicaciones) proporcionan una forma estructurada de interactuar con aplicaciones y servicios web para extraer datos.

- ⇨ RESTful APIs: Utilizadas para servicios web que siguen el estilo arquitectónico REST.
- ⇨ SOAP APIs: Protocolo basado en XML para intercambiar información estructurada entre sistemas.

3. Extracción Basada en Archivos: Este método implica leer datos de archivos almacenados en diferentes formatos, como CSV, Excel, XML, JSON, etc. Es útil cuando los datos se transfieren mediante archivos o se almacenan en sistemas de archivos.
   - ⇨ Lectura de Archivos CSV/Excel: Utilización de bibliotecas o herramientas que pueden leer y procesar archivos tabulares.
   - ⇨ Parsers de XML/JSON: Herramientas que interpretan y extraen datos de archivos estructurados en XML o JSON.
4. Web Scraping: El web scraping es una técnica utilizada para extraer datos de sitios web. Consiste en descargar y analizar el contenido de las páginas web para obtener la información deseada.
   - ⇨ Herramientas de Scraping: Como Beautiful Soup, Scrapy y Selenium, que automatizan la navegación y extracción de datos web.
   - ⇨ Análisis de HTML: Extraer datos directamente del código HTML de las páginas web.
5. Conectores de Datos: Muchos sistemas ETL modernos incluyen conectores prediseñados que permiten la extracción de datos de aplicaciones específicas, como Salesforce, Google Analytics, SAP, etc.
   - ⇨ Conectores Nativos: Diseñados específicamente para interactuar con aplicaciones populares.
   - ⇨ Conectores Personalizados: Configurados para extraer datos de aplicaciones menos comunes o personalizadas.
6. Logs y Flujos de Eventos: Los sistemas que generan logs y flujos de

eventos en tiempo real pueden ser una fuente valiosa de datos.

- ⇨ Análisis de Logs: Herramientas como Logstash y Splunk que recopilan y analizan registros de eventos.
- ⇨ Procesamiento de Flujos: Tecnologías como Apache Kafka y Amazon Kinesis que permiten la extracción y procesamiento de datos en tiempo real.

7. Extracción desde Data Lakes: Los data lakes permiten almacenar grandes volúmenes de datos en su formato original. La extracción de datos de un data lake implica técnicas específicas para acceder y procesar estos datos.

   - ⇨ Acceso a Data Lakes: Usar herramientas como Apache Hadoop y Amazon S3.
   - ⇨ Procesamiento de Datos en Data Lakes: Tecnologías como Apache Spark para manejar y procesar grandes conjuntos de datos.

8. Middleware de Integración de Datos: El middleware de integración de datos actúa como intermediario para facilitar la comunicación y transferencia de datos entre sistemas heterogéneos.

   - ⇨ Herramientas de Integración: Como Talend, Informatica y MuleSoft que simplifican la extracción y transformación de datos.
   - ⇨ Bus de Servicios Empresariales (ESB): Proporciona una plataforma para integrar diversas aplicaciones y servicios dentro de una organización.

9. Extracción de Datos en la Nube: Con el crecimiento del almacenamiento en la nube, extraer datos de servicios en la nube se ha vuelto esencial.

   - ⇨ Servicios de Nube: Como AWS Glue, Google Dataflow y Azure Data Factory que proporcionan herramientas integradas para la extracción de datos.
   - ⇨ APIs y Conectores de Nube: Diseñados para interactuar con servicios en la nube y extraer datos de manera eficiente.

10. Extracción desde Sistemas Legacy: Los sistemas heredados, aunque a menudo desactualizados, siguen siendo una fuente importante de datos. La extracción de estos sistemas puede requerir técnicas especializadas debido a su antigüedad y falta de compatibilidad.

    - ⇨ Herramientas de Extracción Legacy: Tecnologías y técnicas especializadas para acceder y extraer datos de sistemas antiguos.
    - ⇨ Migración de Datos: Procesos y herramientas para trasladar datos de sistemas heredados a sistemas modernos.

Métodos y Técnicas para Extraer Datos de Sistemas Heterogéneos

1 **Extracción Directa**
Se utiliza comúnmente cuando las fuentes de datos son accesibles y se tiene el conocimiento adecuado sobre su estructura

2 **Extracción a Través de APIs**
Proporcionan una forma estructurada de interactuar con aplicaciones y servicios web para extraer datos.

3 **Extracción Basada en Archivos**
Este método implica leer datos de archivos almacenados en diferentes formatos

4 **Web Scraping**
Consiste en descargar y analizar el contenido de las páginas web para obtener la información deseada.

5 **Conectores de Datos**
Conectores prediseñados que permiten la extracción de datos de aplicaciones especificas, como Salesforce, Google Analytics, SAP.

6 **Logs y Flujos de Eventos**
Los sistemas que generan logs y flujos de eventos en tiempo real pueden ser una fuente valiosa de datos.

7 **Extracción desde Data Lakes**
Permiten almacenar grandes volúmenes de datos en su formato original

8 **Middleware de Integración de Datos**
actúa como intermediario para facilitar la comunicación y transferencia de datos entre sistemas heterogéneos.

9 **Extracción de Datos en la Nube**
Con el crecimiento del almacenamiento en la nube, extraer datos de servicios en la nube se ha vuelto esencial.

10 **Extracción desde Sistemas Legacy**
Los sistemas heredados, aunque a menudo desactualizados, siguen siendo una fuente importante de datos, puede requerir técnicas especializadas

2. Transformación

Transformación de Datos:

La transformación de datos es una etapa crucial en el proceso ETL, ya que prepara los datos para su análisis posterior. Este proceso incluye diversas tareas, entre las que destacan la limpieza y estandarización de datos. Comprender la importancia de estas actividades es esencial para garantizar la calidad y consistencia de los datos que se utilizarán en la toma de decisiones empresariales.

Importancia de la Limpieza de Datos

1. Eliminación de Datos Erróneos y Redundantes: La limpieza de datos implica identificar y corregir o eliminar los datos que son incorrectos, incompletos, duplicados o irrelevantes. Esto es fundamental porque:

   ⇨ Mejora la Precisión: Los datos precisos son esenciales para obtener resultados confiables en el análisis.

   ⇨ Reducción de Redundancia: Eliminar datos duplicados evita el doble conteo y mejora la eficiencia del almacenamiento y procesamiento.

   ⇨ Prevención de Errores: Corrige errores tipográficos y entradas incorrectas que podrían afectar negativamente los análisis.

2. Gestión de Datos Faltantes: Los datos faltantes son un problema común en muchos conjuntos de datos. La limpieza de datos aborda este problema mediante técnicas como:

   ⇨ Imputación de Datos: Rellenar los valores faltantes con estimaciones basadas en otros datos disponibles.

   ⇨ Eliminación de Registros: En casos donde los datos faltantes son significativos y no se pueden imputar razonablemente.

   ⇨ Utilización de Valores Predeterminados: Rellenar los datos faltantes con valores predeterminados que sean coherentes con el contexto.

3. Consistencia y Coherencia: Los datos provenientes de múltiples fuentes

pueden variar en formato y representación. La limpieza de datos asegura que:

- ⇨ Formatos Consistentes: Los datos se presentan en formatos uniformes (por ejemplo, fechas en un solo formato).
- ⇨ Coherencia en las Unidades: Alinear unidades de medida (por ejemplo, convertir todas las distancias a metros o todas las monedas a una sola divisa).

Importancia de la Estandarización de Datos

1. Normalización de Datos: La normalización de datos implica ajustar los valores de diferentes variables para que puedan ser comparados y analizados de manera uniforme. Esto es vital para:
   - ⇨ Comparabilidad: Facilita la comparación de datos de diferentes fuentes o períodos.
   - ⇨ Escalabilidad: Permite la agregación y análisis de datos a diferentes niveles.
2. Codificación y Clasificación: Estandarizar los datos también incluye la codificación y clasificación de valores, lo que facilita el análisis y la interpretación.
   - ⇨ Codificación de Categorización: Asignar códigos a categorías textuales (por ejemplo, 1 para "Masculino", 2 para "Femenino").
   - ⇨ Clasificación de Datos: Agrupar datos en categorías o rangos estandarizados (por ejemplo, edades en rangos de 10 años).
3. Transformación de Datos Derivados: Crear nuevas variables a partir de datos existentes para enriquecer el análisis. Esto puede incluir:
   - ⇨ Cálculo de Indicadores: Como ratios financieros, índices de rendimiento, etc.
   - ⇨ Generación de Campos Derivados: Como concatenación de nombres y apellidos para crear nombres completos.

Beneficios de la Limpieza y Estandarización de Datos

1. Mejora de la Calidad de los Datos: Datos limpios y estandarizados son de mayor calidad, lo que se traduce en análisis más precisos y confiables.
2. Aumento de la Eficiencia: Al eliminar redundancias y errores, se reduce el tiempo y esfuerzo necesarios para el análisis de datos, mejorando la eficiencia operativa.
3. Facilita la Integración de Datos: Datos estandarizados se integran más fácilmente con otros sistemas y bases de datos, lo que facilita la consolidación y análisis de datos de múltiples fuentes.
4. Mejora la Toma de Decisiones: Con datos precisos, completos y consistentes, las decisiones empresariales se basan en información sólida y confiable, lo que reduce el riesgo de errores estratégicos.
5. Cumplimiento Normativo: La estandarización de datos asegura que los datos cumplen con los estándares y regulaciones de la industria, lo que es crucial para muchas organizaciones.

La limpieza y estandarización de datos son pasos esenciales en el proceso de transformación de datos. Garantizan que los datos sean precisos, consistentes y adecuados para su análisis, lo que a su vez mejora la calidad de las decisiones empresariales. Entender y aplicar estas técnicas es fundamental para cualquier proyecto de inteligencia de negocios exitoso.

Beneficios de la Limpieza y Estandarización de Datos

Técnicas de Transformación de Datos para Convertirlos en un Formato Útil para el Análisis

La transformación de datos es una fase fundamental en el proceso ETL (Extracción, Transformación y Carga) que convierte los datos sin procesar en información estructurada y lista para el análisis. Este proceso utiliza diversas técnicas que ayudan a estructurar, limpiar y mejorar los datos, facilitando su uso en aplicaciones de inteligencia de negocios. A continuación se describen algunas de las técnicas más comunes de transformación de datos:

Normalización y Denormalización de Datos

La normalización organiza los datos para reducir la redundancia y mejorar su integridad, dividiendo tablas grandes en tablas más pequeñas conectadas entre sí. Por ejemplo, una tabla de "Clientes" que incluye direcciones puede dividirse en dos, una para "Clientes" y otra para "Direcciones". La denormalización, por el contrario, consiste en combinar tablas para reducir la complejidad de las consultas, mejorando así el rendimiento en las lecturas.

Por ejemplo, una tabla de "Pedidos" y otra de "Clientes" pueden combinarse para facilitar la creación de informes de ventas.

Agregación de Datos

La agregación permite resumir datos detallados para obtener una visión general, lo cual es útil para análisis de alto nivel. Un ejemplo de esto sería calcular las ventas diarias y luego sumar estos valores para obtener las ventas mensuales.

Filtrado de Datos

El filtrado consiste en seleccionar un subconjunto de datos según ciertos criterios y eliminar aquellos que no son relevantes. Por ejemplo, se puede extraer solo los registros de transacciones realizadas en el último año, excluyendo el resto.

Enriquecimiento de Datos

El enriquecimiento añade información adicional a los datos existentes, incrementando su valor y utilidad. Un ejemplo es complementar una lista de clientes con datos demográficos obtenidos de un servicio externo.

Transformaciones Basadas en Mapas

Esta técnica estandariza datos mediante la sustitución de valores utilizando mapas de búsqueda. Es útil para homogenizar datos categóricos, como convertir abreviaturas de país (por ejemplo, "USA") en el nombre completo ("United States").

Transformaciones de Tipo de Datos

En algunos casos, es necesario cambiar el tipo de datos para asegurar que estén en el formato adecuado para el análisis. Un ejemplo sería convertir una cadena de texto que contiene una fecha ("01-01-2022") en un formato de fecha compatible.

Operaciones Matemáticas y Lógicas

Las operaciones matemáticas o lógicas se aplican para transformar datos cuando se necesita un cálculo o ajuste específico, como calcular la tasa de crecimiento de ventas mediante una fórmula aplicada a los datos anuales.

Funciones de Texto

Esta técnica permite manipular cadenas de texto para extraer, concatenar o modificar información. Por ejemplo, se puede extraer el dominio de una dirección de correo electrónico ("usuario@ejemplo.com") para obtener "ejemplo.com".

Limpieza y Corrección de Datos

La limpieza consiste en identificar y corregir errores en los datos para mejorar su precisión. Un ejemplo típico es corregir errores tipográficos en los nombres de clientes, como cambiar "Jonh" por "John".

Consolidación de Datos

La consolidación combina información de distintas fuentes para crear una visión unificada. Por ejemplo, se pueden fusionar los datos de ventas en línea y en tienda física para obtener una vista completa de las ventas.

Transformaciones Geoespaciales

Las transformaciones geoespaciales permiten convertir datos geográficos en un formato adecuado para análisis geográficos. Un ejemplo es la geocodificación inversa, que convierte coordenadas en direcciones utilizables.

Desidentificación y Anonimización

Estas técnicas transforman datos sensibles para proteger la privacidad de los individuos, como reemplazar identificadores personales con pseudónimos o eliminar datos que puedan identificar a una persona.

Creación de Campos Derivados

La creación de campos derivados genera nuevas variables a partir de datos existentes, facilitando el análisis. Por ejemplo, se puede crear un campo "Edad" a partir de la fecha de nacimiento.

Estas técnicas de transformación de datos son esenciales para convertir datos en bruto en información útil y estructurada. Al aplicarlas, se asegura que los datos estén limpios, estandarizados y en el formato adecuado, permitiendo a las organizaciones mejorar la calidad de sus datos y obtener insights más precisos y valiosos.

3. Carga

La fase de carga es el último paso en el proceso ETL (Extracción, Transformación y Carga), donde los datos transformados se almacenan en un sistema como un data warehouse o un data mart para su análisis y uso. Comprender cómo se realiza esta carga y aplicar estrategias para optimizarla es crucial para asegurar un rendimiento eficiente y mantener la integridad de los datos.

Proceso de Carga

La carga implica transferir los datos desde el entorno donde se procesaron hasta el sistema de almacenamiento. Este proceso varía en función del tipo de almacenamiento y las herramientas empleadas, pero generalmente sigue ciertos pasos básicos:

- **Preparación de los Datos:** Se asegura que los datos estén en el formato adecuado y cumplan con los requisitos del sistema de almacenamiento.
- **Conexión al Sistema de Almacenamiento:** Se establece una conexión segura y eficiente con el sistema, utilizando conectores o protocolos de transferencia de datos específicos.
- **Transferencia de Datos:** Los datos se transfieren mediante métodos como la carga masiva (bulk load) o la carga incremental, según las necesidades del proyecto.
- **Verificación de Integridad:** Finalmente, se realizan verificaciones para confirmar que todos los datos han sido cargados correctamente y que no se ha perdido o alterado información durante la transferencia.

Métodos de Carga

Existen dos enfoques principales para la carga de datos:

- **Carga Completa (Full Load):** Se cargan todos los datos desde la fuente al sistema de almacenamiento en cada ciclo de carga. Este método es útil al construir un sistema nuevo o cuando se necesita actualizar completamente los datos.

- Ventaja: Asegura consistencia y simplicidad en los datos.
- Desventaja: Consume mucho tiempo y recursos.

⇨ **Carga Incremental (Incremental Load):** Solo se cargan los datos nuevos o actualizados desde la última carga. Este enfoque ahorra recursos al centrarse en las entradas y cambios recientes.

- Ventaja: Menor consumo de tiempo y recursos.
- Desventaja: Requiere un seguimiento preciso de los cambios en los datos.

Herramientas de Carga

Para la carga de datos existen varias herramientas y métodos:

⇨ **Herramientas ETL:** Programas como Talend, Informatica y Apache Nifi facilitan la carga de datos con capacidades integrales.

⇨ **SQL Scripts:** Los scripts SQL se utilizan para cargar datos directamente en bases de datos relacionales.

⇨ **APIs y Servicios Web:** Las APIs permiten cargar datos en sistemas en la nube o plataformas específicas.

Estrategias de Carga para Optimizar el Rendimiento y la Integridad de los Datos

La optimización de la carga busca mejorar el rendimiento y asegurar la integridad de los datos mediante varias estrategias.

1. **Optimización del Rendimiento:**

⇨ **Paralelización de la Carga:** Al dividir el proceso en múltiples subprocesos, se aprovechan mejor los recursos del sistema, reduciendo el tiempo total de carga.

⇨ **Compresión de Datos:** Comprimir los datos antes de transferirlos reduce el volumen y acelera el proceso de carga.

- ⇨ **Carga en Modo Directo:** La carga directa o bulk load minimiza la sobrecarga de procesamiento en el sistema de almacenamiento.
- ⇨ **Optimización de Índices:** Deshabilitar índices antes de la carga y reconstruirlos después puede mejorar el tiempo de carga, aunque requiere tiempo adicional para restaurar los índices.

2. **Aseguramiento de la Integridad de los Datos:**

- ⇨ **Transacciones Atómicas:** Utilizar transacciones atómicas garantiza que la carga se complete en su totalidad o se deshaga en caso de error, previniendo la corrupción de datos.
- ⇨ **Validaciones Post-Carga:** Verificar la consistencia y precisión de los datos tras la carga asegura que los datos en el almacenamiento coincidan con los datos transformados.
- ⇨ **Gestión de Errores:** Implementar mecanismos de detección y registro de errores facilita la identificación y corrección rápida de problemas durante la carga.
- ⇨ **Historial y Versionado:** Llevar un historial de las cargas y versiones de los datos es útil para auditorías y recuperación en caso de errores.

La fase de carga es crítica para garantizar que los datos transformados se almacenen de manera eficiente y segura. Al utilizar métodos y estrategias adecuadas, se puede optimizar el rendimiento y asegurar la integridad de los datos, elementos esenciales para un sistema efectivo de inteligencia de negocios.

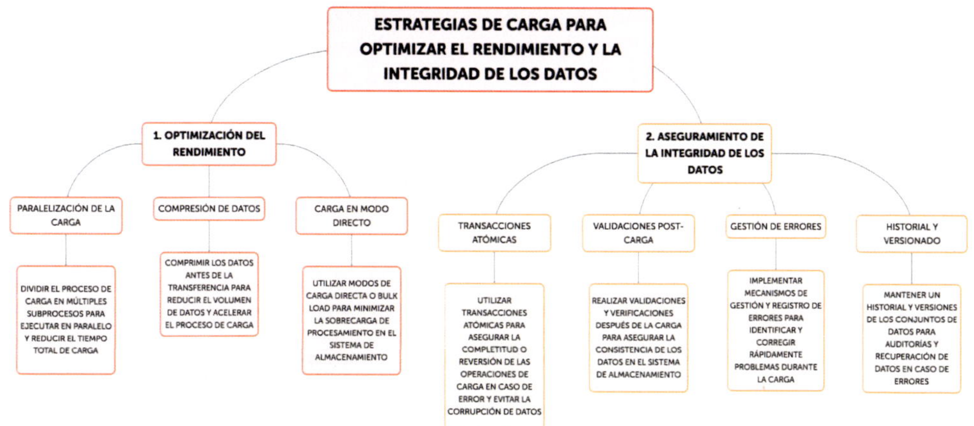

4. Herramientas Comerciales

4.1. Herramientas comerciales utilizadas para realizar procesos ETL

Las herramientas comerciales de ETL son fundamentales para simplificar y automatizar el proceso de extracción, transformación y carga de datos. Están diseñadas para gestionar grandes volúmenes de información de manera eficiente, permitiendo la integración con diversas fuentes y destinos de datos. A continuación, se presentan algunas de las principales herramientas comerciales para realizar procesos ETL y sus características clave:

- **Informatica PowerCenter**

  Informatica PowerCenter es una de las herramientas ETL más reconocidas y utilizadas en el mercado, valorada por su solidez y escalabilidad en la integración de datos. Su interfaz gráfica facilita el diseño de flujos de datos y transformaciones, y cuenta con una amplia compatibilidad para conectar bases de datos relacionales, archivos, aplicaciones empresariales y servicios web. Además, ofrece avanzadas funciones de administración de metadatos y monitoreo de procesos ETL.

- **Talend**

  Talend es una plataforma de código abierto que destaca por su flexibilidad y comunidad activa. Ofrece un conjunto completo de herramientas que abarcan ETL, calidad de datos y gestión de datos maestros, con conectores para más de 900 fuentes y destinos de datos. Su interfaz gráfica, basada en Eclipse, permite diseñar procesos ETL de manera intuitiva, y cuenta con capacidades de integración en tiempo real y por lotes, además de funciones de calidad de datos.

- **Microsoft SQL Server Integration Services (SSIS)**

SSIS es una plataforma de integración de datos y flujo de trabajo que forma parte de Microsoft SQL Server, ampliamente utilizada en entornos Microsoft. Su desarrollo se realiza a través de una interfaz gráfica en Visual Studio, y permite integrarse con múltiples fuentes de datos, incluidos archivos, bases de datos y servicios web, proporcionando avanzadas funcionalidades de transformación y flujo de trabajo.

- **IBM InfoSphere DataStage**

Parte de la suite InfoSphere de IBM, DataStage es ideal para manejar grandes volúmenes de datos y cuenta con un soporte robusto para entornos distribuidos y paralelos. Su integración con otras soluciones de IBM la convierte en una herramienta poderosa para gestión de datos empresariales. Ofrece amplias capacidades de transformación y un entorno visual para el diseño de procesos ETL.

- **Oracle Data Integrator (ODI)**

ODI, desarrollado por Oracle, ofrece capacidades de ETL y ELT, siendo reconocido por su rendimiento y su integración con el ecosistema de Oracle. Utiliza una arquitectura basada en ELT para mejorar la eficiencia y es compatible con una variedad de fuentes de datos, incluidas bases de datos, aplicaciones empresariales y big data, con una interfaz gráfica que facilita el diseño de procesos de integración.

- **Apache Nifi**

Desarrollada por Apache Software Foundation, Apache Nifi es una herramienta de integración de datos de código abierto destacada por su capacidad de automatizar el flujo de datos entre sistemas diversos. Cuenta con una interfaz web que permite diseñar flujos de datos de manera visual y es compatible con múltiples fuentes y destinos, con capacidades avanzadas para procesar y transformar datos en tiempo real.

- **SAP Data Services**

  SAP Data Services, parte del portafolio de SAP, es utilizada principalmente en entornos SAP para realizar tareas de ETL y gestión de datos. La herramienta se integra nativamente con aplicaciones y sistemas SAP, ofreciendo amplias funciones de transformación y un entorno gráfico para el diseño de flujos ETL, con funcionalidades de calidad de datos.

- **Alteryx**

  Alteryx es una plataforma orientada al análisis y transformación de datos que destaca por su facilidad de uso. Su interfaz de usuario permite diseñar flujos de trabajo de forma visual y soporta diversas fuentes de datos, desde bases de datos y archivos hasta servicios en la nube. Alteryx también incluye capacidades de análisis avanzado y modelado, y se integra fácilmente con herramientas de BI como Tableau y Power BI.

Estas herramientas comerciales de ETL son esenciales para gestionar los desafíos de integración y transformación de datos en entornos empresariales complejos. Cada una tiene fortalezas que se adaptan a diferentes necesidades y escenarios, y la elección de la herramienta adecuada depende de factores como el entorno tecnológico, el volumen de datos, los requerimientos de integración y el presupuesto disponible.

4.2. Características y Beneficios de Diferentes Soluciones ETL Disponibles en el Mercado

Evaluar las herramientas ETL disponibles en el mercado requiere analizar sus características y beneficios, y entender cómo se ajustan a las necesidades específicas de cada organización. A continuación se presenta una evaluación de algunas de las herramientas ETL más destacadas, explorando sus capacidades y ventajas:

- **Informatica PowerCenter**

  Informatica PowerCenter es conocida por su capacidad para manejar una amplia gama de fuentes de datos, su interfaz gráfica para diseñar flujos de datos y sus avanzadas capacidades de administración de metadatos. Con funcionalidades de monitoreo y gestión de procesos ETL, se destaca por su robustez y escalabilidad.

Beneficios:

⇨ **Escalabilidad:** Capaz de gestionar grandes volúmenes de datos y de crecer con las necesidades de la empresa.

⇨ **Robustez:** Ideal para entornos críticos gracias a su alta fiabilidad.

⇨ **Amplia Adopción:** Uso extendido en la industria, facilitando el acceso a recursos capacitados.

- **Talend**

Talend es una plataforma de código abierto flexible y altamente adaptable, con conectores para más de 900 fuentes y destinos de datos. Su interfaz gráfica basada en Eclipse facilita el diseño de procesos ETL, y su comunidad activa asegura mejoras frecuentes.

Beneficios:

⇨ **Flexibilidad:** Adaptable a distintos entornos y requisitos.

⇨ **Costo-Efectividad:** Ofrece opciones de código abierto y versiones comerciales.

⇨ **Actualizaciones Frecuentes:** La comunidad activa contribuye a una mejora continua.

- **Microsoft SQL Server Integration Services (SSIS)**

Parte del ecosistema de Microsoft, SSIS proporciona una interfaz gráfica en Visual Studio para el desarrollo de procesos ETL. Con soporte para diversas fuentes de datos, es especialmente eficaz en entornos que ya utilizan productos de Microsoft.

Beneficios:

⇨ **Integración Fluida:** Óptima para empresas que ya trabajan con el ecosistema de Microsoft.

⇨ **Facilidad de Uso:** Familiar para desarrolladores que conocen Visual

Studio.

- **Rendimiento:** Altamente optimizado para SQL Server, ofreciendo excelente desempeño en estos entornos.

- **IBM InfoSphere DataStage**

DataStage es ideal para manejar grandes volúmenes de datos y cuenta con integración sólida con otros productos de IBM. Sus capacidades de transformación de datos y su soporte para entornos distribuidos lo hacen confiable y robusto.

Beneficios:

- **Rendimiento:** Maneja eficientemente grandes volúmenes de datos.
- **Integración Completa:** Ideal para organizaciones que usan múltiples soluciones IBM.
- **Confiabilidad:** Fuerte soporte empresarial y alta fiabilidad.

- **Oracle Data Integrator (ODI)**

ODI, con su arquitectura basada en ELT, optimiza el rendimiento de procesos de integración y es compatible con diversas fuentes de datos. Se integra perfectamente con el ecosistema Oracle y maneja tanto cargas masivas como integraciones en tiempo real.

Beneficios:

- **Rendimiento Mejorado:** La arquitectura ELT disminuye la carga en el servidor de integración.
- **Compatibilidad:** Excelente integración con otros productos de Oracle.
- **Versatilidad:** Adapta procesos tanto de carga masiva como en tiempo real.

- **Apache Nifi**

Desarrollada por Apache, Nifi destaca en la automatización de flujos de datos complejos. Su interfaz web permite diseñar flujos visualmente y es compatible con diversas fuentes de datos, ideal para entornos que requieren procesamiento en tiempo real.

Beneficios:

- ⇨ **Automatización:** Facilita la gestión de flujos de datos complejos.
- ⇨ **Flexibilidad:** Extensible y adaptable a múltiples necesidades.
- ⇨ **Escalabilidad:** Maneja grandes volúmenes y flujos de datos en tiempo real.

- ♦ **SAP Data Services**

Diseñado para entornos SAP, SAP Data Services facilita la integración y gestión de datos, con capacidades avanzadas para la calidad de los datos y un entorno gráfico intuitivo.

Beneficios:

- ⇨ **Integración SAP:** Ideal para organizaciones que usan sistemas SAP.
- ⇨ **Calidad de Datos:** Asegura la integridad y precisión de la información.
- ⇨ **Complejidad:** Diseñado para gestionar datos en entornos de múltiples fuentes y destinos.

- ♦ **Alteryx**

Alteryx es popular por su facilidad de uso y capacidades de análisis avanzadas. Su interfaz intuitiva permite a los usuarios crear flujos de trabajo visuales y se integra bien con herramientas de visualización como Tableau y Power BI.

Beneficios:

- ⇨ **Facilidad de Uso:** Atractivo para usuarios sin experiencia técnica avanzada.
- ⇨ **Capacidades Analíticas:** Incluye herramientas avanzadas para el análisis de datos.
- ⇨ **Integración:** Compatible con herramientas de visualización populares.

- ♦ **Pentaho Data Integration (PDI)**

Conocido como Kettle, PDI es una plataforma de código abierto que ofrece una completa integración de datos, soportando diversas fuentes y ofreciendo tanto versiones gratuitas como comerciales.

Beneficios:

- ⇨ **Flexibilidad:** Se adapta a distintos entornos y necesidades empresariales.
- ⇨ **Comunidad Activa:** Buen soporte y documentación extensa.
- ⇨ **Costo-Efectividad:** Acceso a opciones de código abierto junto a versiones comerciales.

♦ Ab Initio

Ab Initio es una potente herramienta para entornos grandes y complejos, especializada en el manejo de grandes volúmenes de datos y transformaciones avanzadas. Su plataforma es confiable y optimizada para entornos críticos.

Beneficios:

- ⇨ **Rendimiento:** Optimizada para procesar grandes volúmenes de datos.
- ⇨ **Fiabilidad:** Alta confiabilidad y recuperación ante fallos en entornos críticos.
- ⇨ **Flexibilidad:** Aplicable en una amplia variedad de sectores industriales.

♦ CloverDX

CloverDX permite el diseño, automatización y gestión de flujos de datos complejos, con capacidades de procesamiento tanto en tiempo real como en lotes.

Beneficios:

- ⇨ **Facilidad de Uso:** Interfaz gráfica intuitiva para diseñar flujos de datos.
- ⇨ **Flexibilidad:** Adaptable a diversas necesidades empresariales.

- ⇨ **Escalabilidad:** Gestiona tanto proyectos pequeños como grandes volúmenes de datos.

- **Matillion**

Matillion es una herramienta ETL diseñada para entornos en la nube, trabajando de manera nativa con plataformas como Amazon Redshift, Google BigQuery y Snowflake.

Beneficios:

- ⇨ **Optimización en la Nube:** Aprovecha las capacidades de almacenamiento y procesamiento en la nube.
- ⇨ **Facilidad de Implementación:** Implementación y configuración rápidas en entornos de nube.
- ⇨ **Escalabilidad:** Adapta bien el procesamiento de grandes volúmenes de datos en la nube.

- **SnapLogic**

SnapLogic utiliza una arquitectura de contenedores y microservicios para ofrecer capacidades de integración en tiempo real y en lotes, con conectores para múltiples fuentes de datos y aplicaciones.

Beneficios:

- ⇨ **Agilidad:** Facilita la integración rápida y eficiente.
- ⇨ **Flexibilidad:** Compatible tanto en la nube como on-premises.
- ⇨ **Rendimiento:** Gestiona grandes volúmenes de datos en tiempo real.

- **Adeptia Connect**

Adeptia Connect es una plataforma enfocada en la integración empresarial y la automatización de flujos de trabajo, con una interfaz web intuitiva que facilita la gestión de procesos ETL.

Beneficios:

- ⇨ **Facilidad de Uso:** Atractiva tanto para usuarios técnicos como no técnicos.

⇨ **Automatización:** Facilita la automatización de flujos de trabajo empresariales.

⇨ **Flexibilidad:** Se adapta a diversas necesidades y entornos de TI.

Cada herramienta ETL comercial tiene fortalezas que la hacen ideal para distintos contextos y necesidades empresariales. La elección de la herramienta adecuada depende de factores como la infraestructura existente, requisitos de integración, volumen de datos, presupuesto y las preferencias del equipo de TI. Evaluar cuidadosamente cada opción permite seleccionar la herramienta que mejor se alinea con los objetivos y necesidades de la organización.

5. Planificación y Monitorización del Proceso ETL

5.1. Conocer las Mejores Prácticas para Planificar el Proceso ETL

La planificación adecuada del proceso ETL es esencial para asegurar que los datos se integren de manera eficiente y sin errores en el sistema de almacenamiento. Siguiendo algunas mejores prácticas, las organizaciones pueden optimizar la integración de datos, mejorar su calidad y asegurar el éxito de sus proyectos de inteligencia de negocios. A continuación, se presentan algunas de las prácticas recomendadas para planificar el proceso ETL:

Definición Clara de los Objetivos y Requisitos

Antes de comenzar cualquier proceso ETL, es crucial definir los objetivos del proyecto, comprender las necesidades de los usuarios finales, los tipos de datos que se manejarán y las expectativas en términos de rendimiento y resultados. Por ejemplo, los objetivos pueden incluir mejorar la calidad de los datos, integrar nuevas fuentes o facilitar el acceso a datos históricos para análisis específicos.

Análisis Detallado de las Fuentes de Datos

Un análisis exhaustivo de las fuentes de datos permite identificar las características, formatos y estructuras de los datos a extraer. Este paso también ayuda a documentar posibles problemas, como datos faltantes o inconsistencias, asegurando que se consideren desde el inicio del proyecto.

Diseño del Flujo de Trabajo ETL

Es fundamental diseñar un flujo de trabajo detallado que describa cada etapa del proceso ETL, desde la extracción hasta la carga de los datos. Utilizar diagramas de flujo para visualizar los pasos puede facilitar tanto la planificación como la implementación del proceso. Esto permite que el equipo tenga una visión clara de cómo se extraen, transforman y cargan los datos en el sistema de almacenamiento.

Selección de Herramientas Adecuadas

Elegir herramientas ETL que se adapten a los requisitos específicos del proyecto y al entorno tecnológico de la organización es clave. La selección debe tener en cuenta la conectividad, la capacidad de transformación y el rendimiento de cada herramienta. Por ejemplo, herramientas como Talend pueden ser adecuadas para proyectos que requieren flexibilidad e integración con diversas fuentes de datos.

Definición de Estrategias de Extracción

La planificación de cómo se extraerán los datos de las distintas fuentes debe considerar la frecuencia de extracción, el volumen de datos y la carga sobre los sistemas fuente. Para minimizar la carga en los sistemas de origen, se puede definir una estrategia de carga incremental, lo que reduce el tiempo de procesamiento.

Establecimiento de Transformaciones de Datos

Definir las transformaciones necesarias para limpiar, estandarizar y enriquecer los datos antes de la carga es fundamental. Este paso puede incluir la eliminación de duplicados, la corrección de errores y la normalización de valores. Por ejemplo, en el caso de los datos de clientes, eliminar duplicados y corregir errores tipográficos asegura que se carguen datos precisos en el sistema de almacenamiento.

Planificación de la Carga de Datos

Es importante desarrollar una estrategia de carga que optimice el rendimiento y garantice la integridad de los datos. La elección entre una carga masiva inicial para poblar el sistema y cargas incrementales posteriores para mantener los datos actualizados depende de los requisitos del proyecto.

Definición de Procedimientos de Monitoreo y Control

Establecer procedimientos de monitoreo es esencial para asegurar que el proceso ETL se ejecute correctamente. Esto incluye la configuración de alertas y notificaciones que permitan al equipo de TI identificar y resolver problemas de manera oportuna, como fallos en la carga o anomalías en los datos transformados.

Pruebas y Validación

Antes de implementar el proceso ETL en producción, realizar pruebas exhaustivas permite identificar y corregir errores. Las pruebas deben abarcar todas las etapas: extracción, transformación y carga de datos en diferentes escenarios, asegurando que el proceso funcione de manera consistente y sin errores.

Documentación Detallada

Mantener una documentación completa y actualizada de todo el proceso ETL facilita el mantenimiento y la resolución de problemas. Esto incluye documentar cada paso del proceso, las decisiones tomadas y las configuraciones de las herramientas, asegurando que cualquier miembro del equipo pueda acceder a la información necesaria.

En conjunto, estas prácticas aseguran una planificación eficiente del proceso ETL, mejorando la calidad y la accesibilidad de los datos en los proyectos de inteligencia de negocios y optimizando el rendimiento de los sistemas de almacenamiento.

5.2. Aprender a Monitorizar y Gestionar el Proceso ETL para Asegurar su Éxito y Eficiencia

La monitorización y gestión del proceso ETL son esenciales para garantizar que los datos se integren de manera eficiente, precisa y continua.

Implementar herramientas específicas de monitoreo ETL que proporcionen visibilidad en tiempo real del estado y rendimiento de los procesos ETL es una de las mejores prácticas. Por ejemplo, utilizar herramientas como Informatica PowerCenter Monitoring, Talend Administration Center o Apache Nifi Monitoring para rastrear el progreso de los trabajos ETL y detectar problemas.

Crear dashboards y paneles de control que muestren información clave sobre el estado del proceso ETL, incluidas métricas de rendimiento, errores y alertas, es otra práctica importante. Configurar un panel en Power BI o Tableau que muestre el estado de las cargas de datos, los tiempos de ejecución y las tasas de éxito/fallo puede proporcionar una visión clara y concisa del proceso ETL.

Configurar alertas automatizadas para notificar al equipo de TI o a los administradores de datos sobre cualquier fallo, retraso o anomalía en el proceso ETL es esencial para la gestión efectiva. Utilizar sistemas de notificación por correo electrónico o SMS que alerten inmediatamente cuando un proceso ETL falla o supera un tiempo de ejecución determinado puede ayudar a resolver problemas rápidamente.

Establecer umbrales específicos para métricas clave, como el tiempo de ejecución o el volumen de datos procesados, y activar notificaciones cuando se superen estos umbrales, es una buena práctica. Por ejemplo, configurar una notificación que se active si el tiempo de carga de datos excede una hora, indicando un posible problema de rendimiento.

Implementar sistemas de registro detallado que capturen y rastreen todos los errores y excepciones que ocurren durante el proceso ETL es crucial para la gestión de errores. Utilizar logs de errores en Informatica PowerCenter o Talend para identificar y analizar fallos en las transformaciones o cargas de datos es un buen ejemplo.

Desarrollar procedimientos automáticos de recuperación que permitan reintentar procesos fallidos o recuperar datos de forma eficiente sin intervención manual es otra práctica clave. Configurar políticas de reintento automático en Apache Nifi que vuelvan a ejecutar procesos fallidos después de un tiempo de espera predeterminado puede mejorar significativamente la resiliencia del proceso ETL.

Monitorizar y analizar el rendimiento del proceso ETL regularmente para identificar cuellos de botella y áreas de mejora es esencial para la optimización del rendimiento. Realizar análisis de rendimiento en SSIS para identificar transformaciones que consumen mucho tiempo y optimizarlas mediante técnicas como la paralelización o la indexación es un buen ejemplo de cómo mejorar el rendimiento.

Ajustar los recursos del sistema y las configuraciones de las herramientas ETL para manejar volúmenes de datos crecientes y mejorar el rendimiento es otra práctica importante. Escalar los recursos de la infraestructura en la nube en Matillion para manejar picos de carga de datos durante períodos de alto tráfico es un buen ejemplo.

Implementar mecanismos de auditoría para rastrear todas las modificaciones realizadas en los datos a lo largo del proceso ETL es crucial para el control y la transparencia. Utilizar tablas de auditoría en Oracle Data Integrator para registrar cambios en los datos, incluidos quién realizó el cambio y cuándo, es una buena práctica.

Establecer controles de calidad que verifiquen la precisión, integridad y consistencia de los datos antes y después de las transformaciones es esencial para asegurar la calidad de los datos. Configurar reglas de validación de datos en Talend para asegurar que los datos transformados cumplen con los criterios de calidad definidos es un buen ejemplo.

Mantener una documentación detallada y actualizada de todo el proceso ETL, incluidas las definiciones de los flujos de trabajo, las transformaciones y las configuraciones, es esencial para el mantenimiento a largo plazo. Crear un repositorio de documentación en Confluence que detalle cada etapa del proceso ETL, sus dependencias y configuraciones, puede facilitar el mantenimiento y la resolución de problemas.

Realizar mantenimiento regular del sistema ETL para asegurar su rendimiento óptimo y actualizarlo con las últimas mejoras y parches es otra práctica clave. Programar revisiones mensuales de los procesos ETL y aplicar actualizaciones de software y ajustes de configuración según sea necesario puede asegurar la longevidad y eficiencia del sistema ETL.

La monitorización y gestión del proceso ETL son fundamentales para asegurar que los datos se integren de manera eficiente y precisa. Implementar prácticas de monitoreo robustas, configurar alertas y notificaciones, gestionar errores y optimizar el rendimiento son pasos clave para el éxito continuo de los proyectos ETL. Además, mantener una documentación adecuada y realizar mantenimiento regular ayuda a asegurar la longevidad y la eficiencia del sistema ETL.

6. Información Adicional

Una comprensión profunda del proceso ETL y de las herramientas, técnicas y avances tecnológicos en el campo es fundamental para mejorar la eficiencia de los proyectos de integración de datos. A continuación, se presentan varios recursos y conocimientos complementarios que pueden enriquecer el entendimiento del proceso ETL y ayudar a mantenerse actualizado en este ámbito:

- **Recursos y Conocimientos Complementarios**

Libros y Publicaciones Especializadas:

Los libros especializados en ETL y gestión de datos son una excelente fuente de conocimiento para aprender desde los fundamentos hasta técnicas avanzadas. Por ejemplo, "The Data Warehouse Toolkit" de Ralph Kimball y Margy Ross es un clásico que ofrece una visión detallada del diseño y la implementación de procesos ETL. Otro recurso, "ETL Solutions Using SSIS" de Samuel V. Robin, proporciona una guía práctica para implementar ETL con SQL Server Integration Services (SSIS).

Cursos en Línea y Tutoriales:

Los cursos en plataformas como Coursera, Udemy y LinkedIn Learning son ideales para aprender sobre ETL de forma flexible. Coursera, por ejemplo, ofrece cursos como "Data Warehousing for Business Intelligence" de la Universidad de Colorado, mientras que Udemy ofrece programas específicos sobre herramientas como Talend, Informatica y SSIS, que brindan habilidades prácticas basadas en casos reales.

Documentación y Recursos de Proveedores:

Las empresas que desarrollan herramientas ETL suelen proporcionar documentación exhaustiva, tutoriales y guías para optimizar el uso de sus productos. Por ejemplo, Informatica y Talend ofrecen recursos en línea, tutoriales en video y una comunidad activa de usuarios para resolver problemas y maximizar la efectividad de las herramientas.

Blogs y Artículos Técnicos:

Blogs especializados como Kdnuggets y Towards Data Science publican artículos actualizados sobre temas de ciencia de datos, integración de datos y ETL, ofreciendo las mejores prácticas, nuevas técnicas y tendencias. Estas publicaciones permiten a los profesionales mantenerse informados de los avances y compartir experiencias con la comunidad.

Conferencias y Webinars:

Las conferencias, como la Gartner Data & Analytics Summit, y los webinars organizados por proveedores de ETL, son oportunidades para aprender de los líderes de la industria y descubrir nuevas herramientas y métodos. Estas sesiones ayudan a los profesionales a actualizar sus conocimientos y establecer conexiones con otros expertos del campo.

Comunidades y Foros en Línea:

Foros como Stack Overflow y subreddits como r/dataengineering ofrecen espacios para que los profesionales del ETL hagan preguntas, compartan experiencias y encuentren soluciones a problemas específicos. Estas comunidades brindan apoyo práctico y acceso a una red de expertos.

Estudios de Casos y Whitepapers:

Los estudios de casos y whitepapers proporcionan ejemplos del mundo real sobre cómo las organizaciones implementan soluciones ETL para resolver desafíos específicos. Proveedores como AWS y Oracle publican whitepapers que detallan implementaciones de ETL en diversas industrias, proporcionando lecciones prácticas y mejores prácticas.

- **Tendencias y Avances en Tecnologías Relacionadas con ETL**

ETL en la Nube:

La migración a la nube ha cambiado los procesos ETL, ofreciendo escalabilidad y costo-efectividad al procesar grandes volúmenes de datos sin una infraestructura local. Herramientas como AWS Glue y Google Dataflow permiten la creación y ejecución de procesos ETL directamente en la nube, con la capacidad de escalar automáticamente según la carga de trabajo.

ETL en Tiempo Real:

La necesidad de análisis en tiempo real ha llevado al desarrollo de tecnologías ETL que manejan flujos de datos continuos. Herramientas como Apache Kafka y Amazon Kinesis facilitan la captura y procesamiento en tiempo real, lo cual es esencial para aplicaciones de detección de fraudes o monitoreo de redes.

ETL Sin Código/Bajo Código:

Las herramientas ETL sin código o de bajo código están en auge, ya que permiten a usuarios sin conocimientos de programación crear procesos ETL mediante interfaces visuales intuitivas. Herramientas como Alteryx y SnapLogic ofrecen entornos de diseño visual que simplifican la creación de flujos de trabajo.

Integración de Inteligencia Artificial y Machine Learning:

El uso de IA y machine learning en ETL permite automatizar la detección de anomalías y la limpieza de datos, mejorando la precisión y eficiencia. Los algoritmos de ML ayudan en la detección automática de errores y la aplicación de transformaciones basadas en patrones históricos.

ETL con Big Data:

Con el crecimiento de los datos, las herramientas ETL deben manejar grandes volúmenes de información. Tecnologías como Apache Spark y Hadoop permiten distribuir el procesamiento entre múltiples nodos y almacenar datos de manera escalable, facilitando la integración y análisis de Big Data.

Aumento de la Seguridad y Cumplimiento Normativo:

Con el enfoque en la privacidad de datos, las soluciones ETL están incorporando funciones avanzadas de seguridad para cumplir con regulaciones como GDPR y CCPA. Las herramientas modernas ofrecen encriptación de datos y capacidades de auditoría para asegurar la protección y trazabilidad de la información.

ETL como Servicio (ETLaaS):

El modelo de ETL como servicio (ETLaaS) permite a las organizaciones externalizar sus procesos ETL con proveedores especializados. Servicios como Fivetran y Stitch gestionan estos procesos de forma totalmente automatizada, lo que reduce la necesidad de infraestructura local y soporte técnico.

Para concluir, aprovechar los recursos de aprendizaje y mantenerse al tanto de las últimas tendencias en ETL permite a los profesionales optimizar sus procesos y mejorar la eficiencia en la gestión de datos. Desde herramientas ETL en la nube y procesamiento en tiempo real hasta la adopción de inteligencia artificial y el fortalecimiento de la seguridad, estos avances transforman la forma en que las organizaciones manejan sus datos.

RESUMEN

El proceso ETL (Extracción, Transformación y Carga) es clave para la gestión y análisis de datos en entornos de inteligencia de negocios. La **extracción** consiste en obtener datos de diversas fuentes, tanto estructuradas como no estructuradas. Entre las fuentes más comunes se encuentran las bases de datos relacionales, como MySQL y Oracle, así como archivos de texto, CSV y hojas de cálculo. Además, se pueden extraer datos de sistemas ERP (como SAP) y CRM (como Salesforce), redes sociales, APIs, data lakes, datos en tiempo real, y plataformas de comercio electrónico. En muchos casos, las fuentes incluyen también sistemas heredados, datos de sensores IoT, logs de servidores, y plataformas de gestión de contenidos. Para obtener estos datos, se utilizan métodos como la extracción directa con consultas SQL, la extracción basada en APIs, el uso de conectores prediseñados, y el web scraping.

Una vez extraídos los datos, se procede a la **transformación**, etapa donde se limpian, estandarizan y preparan los datos para su análisis. La limpieza de datos implica eliminar duplicados, gestionar datos faltantes mediante imputación o eliminación, y corregir errores. Es esencial que los datos sean consistentes y coherentes en formato y contenido, lo que incluye la normalización de valores y la estandarización de unidades. La transformación también abarca la creación de nuevas variables, la normalización y la agregación de datos para mejorar su comparabilidad y facilitar el análisis. Además, se aplican operaciones matemáticas y lógicas, funciones de texto y otras técnicas de transformación de datos derivados para enriquecer los conjuntos de datos. Este proceso garantiza que los datos sean precisos, completos y listos para su uso en análisis posteriores.

La última fase del proceso ETL es la **carga**, que implica transferir los datos transformados a un sistema de almacenamiento, como un data warehouse. Existen dos tipos principales de carga: la carga completa, donde se cargan todos los datos, y la **carga incremental**, que solo transfiere los datos que han cambiado desde la última carga. Para optimizar el proceso de carga, se implementan estrategias como la paralelización de procesos y la compresión de datos, lo que mejora el rendimiento y reduce el tiempo de carga. Es fundamental asegurar la integridad de los datos durante la transferencia mediante validaciones y controles. Además, la monitorización y el mantenimiento continuos son esenciales para asegurar que el proceso de carga funcione correctamente y que los datos estén disponibles de manera oportuna.

Existen diversas **herramientas comerciales** diseñadas para facilitar el proceso ETL, como **Informatica PowerCenter, Talend, Microsoft SQL Server Integration Services (SSIS), IBM InfoSphere DataStage, Oracle Data Integrator (ODI), Apache Nifi, SAP Data Services, Alteryx**, entre otras. Estas herramientas permiten conectar fuentes de datos, realizar transformaciones avanzadas y cargar datos en almacenes de manera eficiente, integrándose con una amplia variedad de sistemas y formatos.

La **planificación y monitorización del proceso ETL** es crucial para su éxito. Es importante definir claramente los objetivos del proyecto, realizar un análisis detallado de las fuentes de datos, diseñar el flujo de trabajo de ETL y seleccionar las herramientas adecuadas para la extracción, transformación y carga. Una vez en marcha, se debe implementar un sistema de monitorización que permita rastrear el rendimiento, detectar errores y recibir alertas ante cualquier anomalía. Asimismo, es necesario realizar pruebas exhaustivas y mantener una documentación completa del proceso ETL, que asegure la trazabilidad y facilite futuras mejoras. La optimización continua es clave para el éxito del proceso ETL, garantizando que se mantenga eficiente y confiable con el crecimiento de los datos y las demandas empresariales.

AUTOEVALUACIÓN

1. ¿Qué fase del proceso ETL implica la obtención de datos de diversas fuentes?
   - **A.** Transformación
   - **B.** Extracción
   - **C.** Carga

2. ¿Cuál de las siguientes es una técnica utilizada para gestionar datos faltantes durante la transformación?
   - **A.** Enriquecimiento de datos
   - **B.** Imputación de datos
   - **C.** Normalización

3. ¿Qué método de carga transfiere solo los datos que han cambiado desde la última actualización?
   - **A.** Carga completa
   - **B.** Carga incremental
   - **C.** Carga directa

4. ¿Cuál es una de las herramientas más utilizadas para la integración y transformación de datos en el proceso ETL?
   - **A.** Microsoft Word
   - **B.** Informatica PowerCenter
   - **C.** Adobe Photoshop

5. ¿Qué beneficio clave aporta la estandarización de datos durante la transformación?
   - **A.** Aumenta la complejidad del análisis
   - **B.** Facilita la integración de datos y mejora la comparabilidad
   - **C.** Elimina la necesidad de limpiar datos

6. ¿Cuál es una práctica recomendada para la planificación del proceso ETL?
   - **A.** Ejecutar los procesos ETL sin pruebas previas
   - **B.** Establecer procedimientos de monitoreo y control para detectar errores.
   - **C.** Utilizar siempre carga completa

MÓDULO

5. Utilidad Práctica de la Inteligencia

Contenido del Módulo

UNIDAD

5.1. Herramientas y Técnicas

Contenido de la Unidad

ICB
EDITORES

1. INTRUDCCIÓN

La inteligencia de negocio no es un concepto nuevo, pero su evolución ha sido significativa en los últimos años debido a los avances tecnológicos y la creciente disponibilidad de datos. En términos simples, BI se refiere a las tecnologías, aplicaciones y prácticas que recopilan, integran, analizan y presentan información empresarial. El objetivo final es apoyar la toma de decisiones y mejorar el rendimiento de la empresa.

En la era digital, las empresas generan y tienen acceso a cantidades masivas de datos, provenientes de diversas fuentes como transacciones comerciales, interacciones con clientes, redes sociales, y más. La inteligencia de negocio proporciona las herramientas necesarias para transformar estos datos en información útil y accionable.

Un componente fundamental de la inteligencia de negocio es la recolección de datos. Esta etapa implica la acumulación de datos de diversas fuentes. Los datos pueden ser estructurados, como los que se encuentran en bases de datos relacionales, o no estructurados, como correos electrónicos y publicaciones en redes sociales. La calidad y precisión de los datos recopilados son esenciales, ya que influirán directamente en la calidad de los análisis posteriores.

Una vez recopilados, los datos deben ser procesados y almacenados de manera eficiente. Esto generalmente se logra a través de bases de datos especializadas y sistemas de almacenamiento en la nube, que permiten un acceso rápido y seguro a la información. Aquí es donde entra en juego el concepto de ETL (Extract, Transform, Load), que describe el proceso de extracción de datos de diferentes fuentes, su transformación en un formato adecuado para el análisis, y su carga en un sistema de almacenamiento.

El siguiente paso es el análisis de datos. Utilizando diversas técnicas estadísticas y de minería de datos, las empresas pueden descubrir patrones y tendencias que no son evidentes a simple vista. Este análisis puede ser descriptivo, explicando qué ha sucedido; predictivo, proyectando lo que podría suceder; o prescriptivo, sugiriendo acciones a tomar.

Finalmente, los resultados del análisis se presentan de manera clara y comprensible. Aquí es donde las herramientas de visualización de datos juegan un papel crucial. Los gráficos, tablas y dashboards interactivos permiten a los usuarios explorar los datos de manera intuitiva y extraer conclusiones rápidas. Esto facilita la comunicación de hallazgos importantes a los responsables de la toma de decisiones.

La inteligencia de negocio no solo se trata de tecnología. También requiere un cambio cultural dentro de las organizaciones. Las empresas deben fomentar una cultura basada en datos, donde las decisiones se tomen basándose en evidencia concreta y no en intuiciones. Esto implica educar a los empleados sobre la importancia de los datos y proporcionarles las habilidades necesarias para utilizar las herramientas de BI de manera efectiva.

La inteligencia de negocio es una combinación de tecnología, procesos y personas. Cuando se implementa correctamente, permite a las empresas mejorar su eficiencia, tomar decisiones más informadas y, en última instancia, obtener una ventaja competitiva en el mercado.

2. Formatos

Los formatos son esenciales en la inteligencia de negocio (BI) ya que determinan cómo se presenta y comunica la información obtenida a partir de los datos. Un formato bien elegido puede facilitar la comprensión de la información y apoyar la toma de decisiones de manera más efectiva. A continuación, se describen varios formatos comunes

- Reportes

  Los reportes son documentos estructurados que presentan información específica de manera clara y ordenada. Su propósito es comunicar hallazgos, tendencias y datos relevantes a los tomadores de decisiones. Los reportes pueden variar significativamente en su formato y complejidad, dependiendo de su propósito y audiencia. Aquí se describen algunos tipos comunes de reportes:

  - Reportes Tabulares: Utilizan tablas para organizar y presentar datos. Son útiles para mostrar grandes volúmenes de datos en un formato compacto y estructurado. Cada fila de la tabla representa una unidad de análisis (como una transacción o un cliente), mientras que cada columna representa una variable específica (como la fecha, el monto de la venta, o la región).

- ⇨ Reportes Gráficos: Incorporan gráficos y visualizaciones para representar datos de manera visual. Los gráficos pueden incluir barras, líneas, pastel, dispersión, entre otros. Este formato es particularmente útil para identificar tendencias y patrones rápidamente.
- ⇨ Dashboards: Son paneles interactivos que combinan múltiples visualizaciones y métricas clave en una sola pantalla. Los dashboards permiten a los usuarios monitorear indicadores clave de rendimiento (KPI) en tiempo real y explorar datos mediante filtros y herramientas interactivas.
- ⇨ Reportes Narrativos: Combinan texto con gráficos y tablas para contar una historia completa sobre los datos. Este formato es útil para presentar análisis detallados y proporcionar contexto y explicaciones que ayuden a los lectores a entender mejor los hallazgos.

♦ Consultas

Las consultas son solicitudes de información específicas hechas a bases de datos. Utilizando lenguajes de consulta estructurados como SQL (Structured Query Language), los usuarios pueden extraer, filtrar y manipular datos para obtener la información necesaria. Los formatos de las consultas pueden variar, pero comúnmente incluyen:

- ⇨ Consultas Simples: Extraen información básica de una o más tablas de datos. Por ejemplo, una consulta simple podría extraer todas las ventas realizadas en el último mes.
- ⇨ Consultas de Agregación: Calculan resúmenes y estadísticas, como sumas, promedios y conteos. Por ejemplo, una consulta de agregación podría calcular el total de ventas por región.
- ⇨ Consultas de Unión: Combinan datos de múltiples tablas para proporcionar una vista más completa. Por ejemplo, una consulta de unión podría combinar datos de ventas con datos de clientes para analizar el comportamiento de compra por segmento de clientes.

- Análisis

  El análisis de datos implica una exploración más profunda y detallada de los datos para extraer información significativa. Los formatos de análisis pueden incluir:

  - ⇨ Análisis Descriptivo: Utiliza estadísticas descriptivas y visualizaciones para resumir los datos. Este formato ayuda a entender las características básicas de los datos, como distribuciones, tendencias y variabilidad.
  - ⇨ Análisis Predictivo: Utiliza modelos estadísticos y algoritmos de machine learning para prever resultados futuros basados en datos históricos. Los resultados suelen presentarse en gráficos y tablas que muestran las predicciones y su grado de confianza.
  - ⇨ Análisis Prescriptivo: Sugiere acciones específicas basadas en los resultados del análisis predictivo. Este formato puede incluir recomendaciones detalladas y simulaciones de diferentes escenarios.

- Alertas

  Las alertas son notificaciones automáticas que informan a los usuarios sobre eventos importantes o condiciones específicas en los datos. Los formatos de alertas pueden incluir:

  - ⇨ Alertas por Correo Electrónico: Envían notificaciones directamente a la bandeja de entrada de los usuarios cuando se cumple una condición predefinida, como una caída en las ventas o un aumento en los niveles de inventario.
  - ⇨ Alertas en Dashboards: Muestran mensajes de advertencia y notificaciones dentro de los dashboards interactivos. Estas alertas suelen estar integradas con visualizaciones que resaltan las áreas de preocupación.
  - ⇨ Alertas por SMS: Envían mensajes de texto a los usuarios cuando se detecta un evento crítico. Este formato es útil para notificaciones urgentes que requieren una respuesta rápida.

♦ Pronósticos

Los pronósticos utilizan datos históricos y técnicas analíticas para prever resultados futuros. Los formatos de presentación de pronósticos pueden incluir:

⇨ Gráficos de Series Temporales: Muestran datos históricos y predicciones futuras en un gráfico de línea continua. Este formato es útil para visualizar tendencias y patrones a lo largo del tiempo.

⇨ Tablas de Pronósticos: Presentan los valores previstos junto con los datos históricos en una tabla. Esto permite una comparación fácil entre las predicciones y los datos reales.

⇨ Mapas de Calor de Pronósticos: Utilizan colores para representar la intensidad de los valores previstos en diferentes áreas o períodos de tiempo. Este formato es útil para identificar áreas de alta y baja actividad prevista.

FORMATOS

Los formatos son esenciales en la inteligencia de negocio (BI) ya que determinan cómo se presenta y comunica la información obtenida a partir de los datos. Un formato bien elegido puede facilitar la comprensión de la información y apoyar la toma de decisiones de manera más efectiva

REPORTES	**Documentos estructurados que presentan información específica de manera clara y ordenada. Su propósito es comunicar hallazgos, tendencias y datos relevantes a los tomadores de decisiones.**
CONSULTAS	**Las consultas son solicitudes de información específicas hechas a bases de datos. Utilizando lenguajes de consulta estructurados como SQL (Structured Query Language), los usuarios pueden extraer, filtrar y manipular datos para obtener la información necesaria.**
ANALISIS	**El análisis de datos implica una exploración más profunda y detallada de los datos para extraer información significativa, estos pueden ser: Descriptivo, Predictivo o Prescriptivo**
ALERTAS	**Las alertas son notificaciones automáticas que informan a los usuarios sobre eventos importantes o condiciones específicas en los datos.**
PRONOSTICOS	**Los pronósticos utilizan datos históricos y técnicas analíticas para prever resultados futuros**

3. Componentes de Visualización

Los componentes de visualización son elementos gráficos que permiten representar datos de manera visual. Estos componentes son esenciales en la inteligencia de negocio, ya que facilitan la interpretación rápida y precisa de grandes volúmenes de datos. Al transformar los datos en gráficos y diagramas, las visualizaciones ayudan a los usuarios a identificar patrones, tendencias y anomalías que podrían pasar desapercibidas en un formato tabular o textual. A continuación, se describen algunos de los componentes de visualización más comunes y su utilidad en el contexto de la inteligencia de negocio.

- Gráficos de Barras

  Los gráficos de barras son una de las formas más sencillas y efectivas de visualizar datos categóricos. Cada barra representa una categoría, y su longitud indica el valor correspondiente. Este formato es ideal para comparar cantidades entre diferentes categorías. Los gráficos de barras pueden ser verticales u horizontales, dependiendo de la preferencia del usuario y del diseño del reporte.

  - ⇨ Usos comunes: Comparación de ventas por producto, análisis de rendimiento por departamento, y comparación de métricas anuales.
  - ⇨ Variaciones: Gráficos de barras agrupadas (para comparar subcategorías dentro de cada categoría principal) y gráficos de barras apiladas (para mostrar la composición de cada categoría).

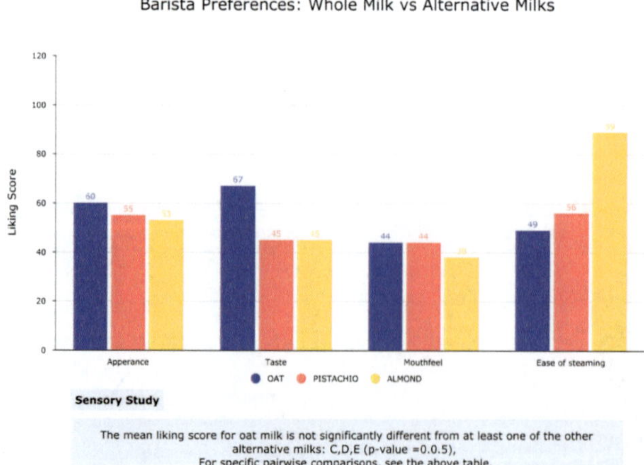

- Gráficos de Líneas

Los gráficos de líneas se utilizan principalmente para visualizar datos continuos a lo largo del tiempo. Cada punto en la línea representa un valor en un momento específico, y la línea conecta estos puntos para mostrar la tendencia general. Este formato es excelente para identificar patrones y tendencias a lo largo del tiempo.

- ⇨ Usos comunes: Seguimiento de ventas mensuales, análisis de tendencias de ingresos, y monitoreo de la evolución del mercado.
- ⇨ Variaciones: Gráficos de líneas múltiples (para comparar varias series temporales) y gráficos de área (donde el área debajo de la línea está rellena para enfatizar el volumen).

African Economic Growth 1900-2020
Historical National Accounts for British Colonial Africa

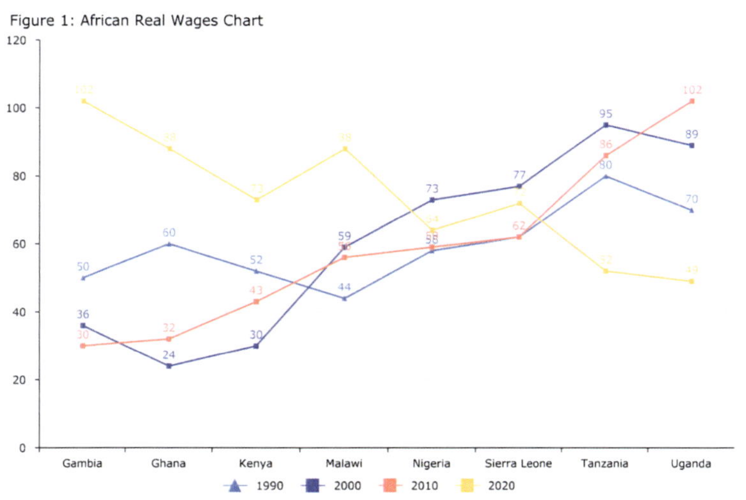

Wages were recorded on either an annual, monthly, weekly or daily basis. In each case, the wage in question was annualized by assuming 312 working days or 52 working weeks per year.

♦ Gráficos de Pastel

Los gráficos de pastel muestran cómo se divide un conjunto de datos en partes proporcionales. Cada sección del pastel representa una categoría, y su tamaño es proporcional a la cantidad que representa. Este formato es útil para visualizar la composición de un todo.

⇨ Usos comunes: Distribución de mercado por segmento, desglose de gastos por categoría, y análisis de participación de mercado.

⇨ Variaciones: Gráficos de anillo (una variación de los gráficos de pastel con un agujero en el centro) y gráficos de pastel tridimensionales (para un efecto visual más atractivo).

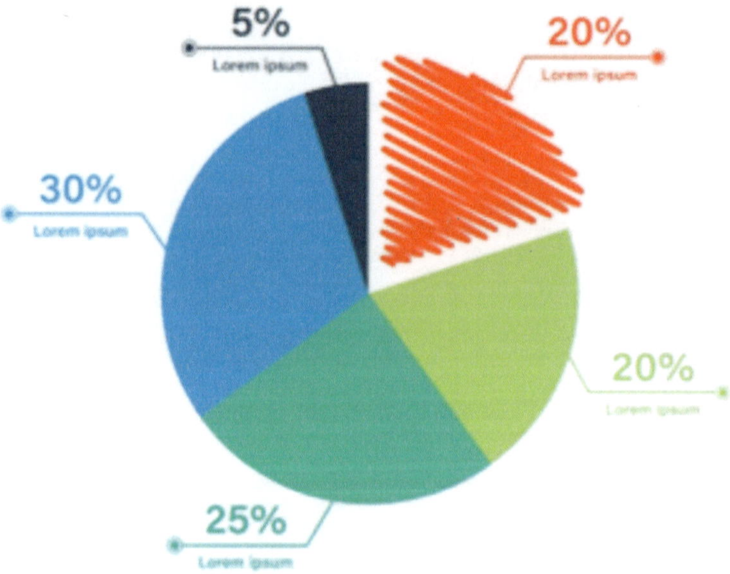

- Mapas de Calor

Los mapas de calor utilizan colores para representar valores en una matriz o tabla. Los colores más cálidos (rojos y naranjas) indican valores altos, mientras que los colores más fríos (azules y verdes) indican valores bajos. Este formato es útil para identificar patrones y correlaciones en grandes conjuntos de datos.

⇨ Usos comunes: Análisis de rendimiento de productos por región, monitoreo de la densidad de tráfico en una red, y visualización de la actividad de los clientes.

⇨ Variaciones: Mapas de calor geográficos (para representar datos en un mapa) y mapas de calor de correlación (para mostrar la relación entre diferentes variables).

- Dashboards

Los dashboards son paneles interactivos que combinan múltiples componentes de visualización en una sola pantalla. Permiten a los usuarios explorar y analizar datos de manera dinámica, aplicando filtros y profundizando en la información según sea necesario. Los dashboards son ampliamente utilizados en la inteligencia de negocio para proporcionar una visión general y detallada de los indicadores clave de rendimiento (KPI).

⇨ Usos comunes: Monitoreo de métricas de ventas en tiempo real, análisis de rendimiento financiero, y seguimiento de la efectividad de campañas de marketing.

⇨ Variaciones: Dashboards operacionales (enfocados en el monitoreo diario de operaciones) y dashboards estratégicos (orientados a la toma de decisiones a largo plazo).

♦ Diagramas de Dispersión

Los diagramas de dispersión muestran la relación entre dos variables continuas. Cada punto en el gráfico representa una observación individual, con su posición en los ejes X e Y indicando los valores de las dos variables. Este formato es útil para identificar correlaciones y patrones en los datos.

⇨ Usos comunes: Análisis de la relación entre el precio y las ventas, estudio de la correlación entre el presupuesto de marketing y las conversiones, y evaluación del impacto de la temperatura en la producción.

⇨ Variaciones: Diagramas de burbujas (donde el tamaño de cada punto indica una tercera variable) y diagramas de dispersión con líneas de tendencia (para resaltar la dirección general de la relación).

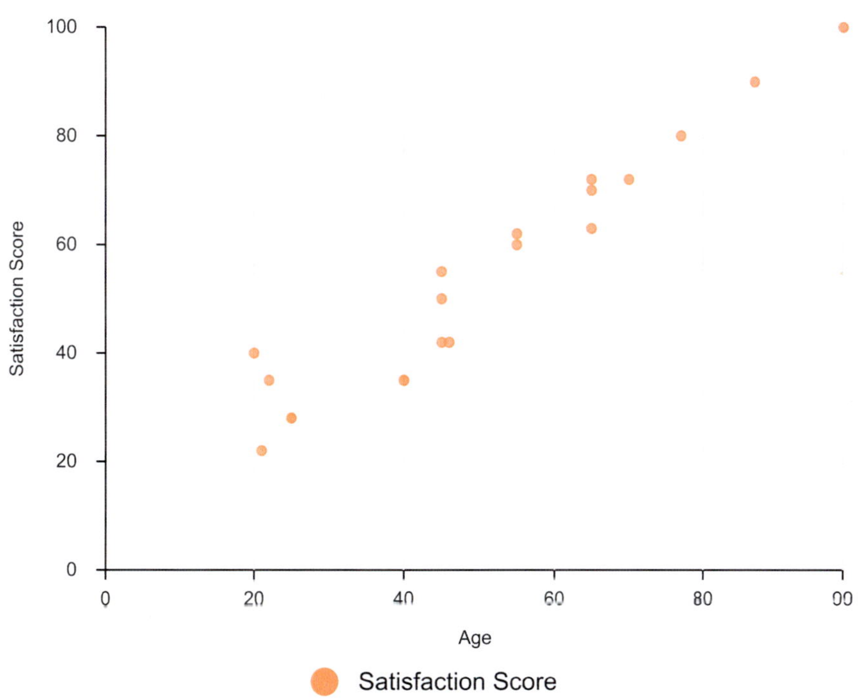

- Gráficos de Caja y Bigotes

Los gráficos de caja y bigotes (boxplots) son herramientas útiles para visualizar la distribución de un conjunto de datos y detectar posibles valores atípicos. Este formato muestra la mediana, los cuartiles, y los valores extremos de los datos.

- ⇨ Usos comunes: Análisis de la distribución de ingresos por región, evaluación de la variabilidad en tiempos de entrega, y comparación de la dispersión de resultados de pruebas entre diferentes grupos.
- ⇨ Variaciones: Gráficos de caja y bigotes agrupados (para comparar varias categorías) y gráficos de caja y bigotes con puntos individuales (para destacar valores atípicos).

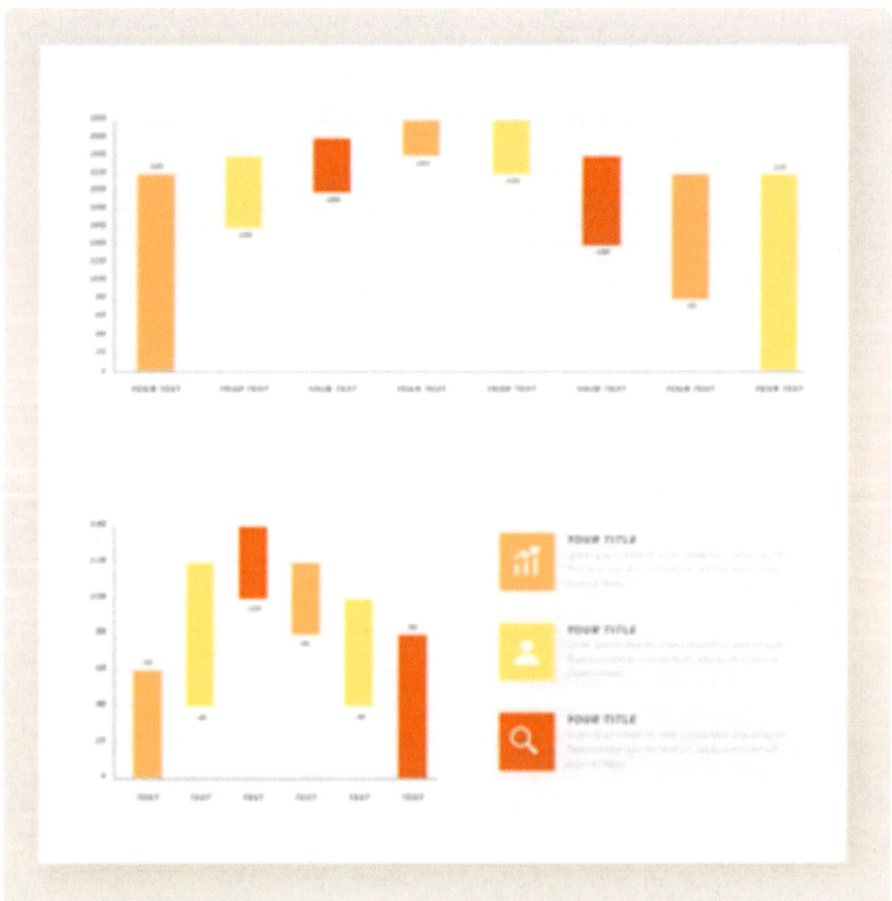

- Gráficos de Radar

Los gráficos de radar, también conocidos como gráficos de araña, se utilizan para comparar múltiples variables en una sola visualización. Cada eje del gráfico representa una variable diferente, y los valores de cada observación se conectan para formar un polígono.

- ⇨ Usos comunes: Evaluación de competencias de empleados, comparación de características de productos, y análisis de la satisfacción del cliente en diferentes dimensiones.
- ⇨ Variaciones: Gráficos de radar individuales (para mostrar una sola observación) y gráficos de radar superpuestos (para comparar múltiples observaciones).

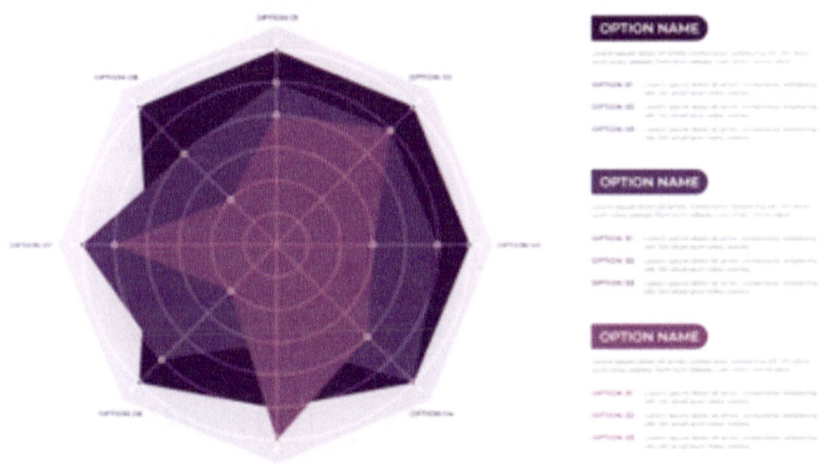

- Diagrama de Sankey

Los diagramas de Sankey son útiles para visualizar flujos y relaciones entre diferentes entidades. Los anchos de las líneas en el diagrama son proporcionales a la cantidad del flujo que representan.

- ⇨ Usos comunes: Análisis de flujos de energía, seguimiento de conversiones en embudos de ventas, y visualización de movimientos de recursos entre departamentos.
- ⇨ Variaciones: Diagramas de Sankey interactivos (para explorar flujos específicos) y diagramas de Sankey estáticos (para presentaciones e informes).

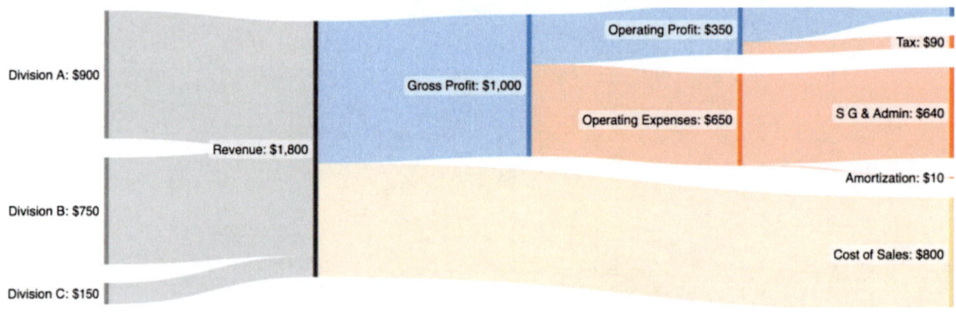

- Diagramas de Gantt

  Los diagramas de Gantt son herramientas visuales que se utilizan para planificar y rastrear proyectos. Este formato muestra las tareas del proyecto en el eje vertical y el tiempo en el eje horizontal, con barras horizontales que representan la duración de cada tarea.

  ⇨ Usos comunes: Gestión de proyectos, planificación de producción, y seguimiento de hitos y plazos.

  ⇨ Variaciones: Diagramas de Gantt con dependencias (para mostrar relaciones entre tareas) y diagramas de Gantt de recursos (para asignar y rastrear recursos).

- Mapas Geográficos

  Los mapas geográficos son visualizaciones que representan datos espaciales sobre un mapa. Este formato es excelente para analizar datos por ubicación y visualizar patrones geográficos.

  - Usos comunes: Análisis de ventas por región, monitoreo de la distribución de clientes, y seguimiento de la expansión de mercados.
  - Variaciones: Mapas de calor geográficos (para mostrar densidad de datos) y mapas de coropletas (para representar datos por áreas geográficas).

◆ Histogramas

Los histogramas son gráficos que muestran la distribución de un conjunto de datos continuos. Este formato utiliza barras para representar la frecuencia de los valores dentro de ciertos rangos (o bins).

⇨ Usos comunes: Análisis de la distribución de ingresos, evaluación de la variabilidad de tiempos de entrega, y estudio de la distribución de puntuaciones en encuestas.

⇨ Variaciones: Histogramas acumulativos (para mostrar la acumulación de frecuencias) e histogramas comparativos (para comparar distribuciones entre diferentes grupos).

Histogram Example

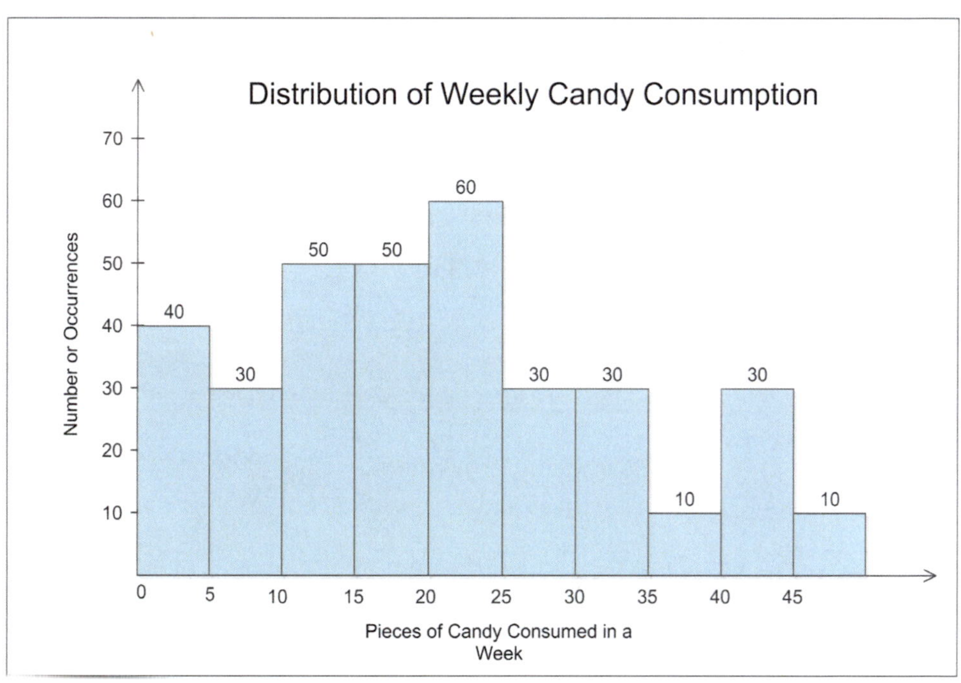

- Word Clouds (Nubes de Palabras)

  Las nubes de palabras son visualizaciones que muestran la frecuencia de palabras en un texto. Las palabras más frecuentes se representan con fuentes más grandes y prominentes.

  - Usos comunes: Análisis de comentarios de clientes, resumen de contenido de redes sociales, y revisión de encuestas de satisfacción.
  - Variaciones: Nubes de palabras con colores (para representar categorías) y nubes de palabras dinámicas (para interactividad).

- Diagrama de Árbol (Tree Map)

  Los diagramas de árbol son gráficos que utilizan rectángulos anidados para representar datos jerárquicos. El tamaño de cada rectángulo es proporcional al valor que representa.

  - Usos comunes: Visualización de estructuras jerárquicas, análisis de contribuciones de productos, y desgloses de presupuestos.
  - Variaciones: Diagramas de árbol interactivos (para explorar niveles de detalle) y diagramas de árbol con colores (para mostrar categorías).

- Waterfall Charts (Gráficos de Cascada)

Los gráficos de cascada son útiles para mostrar cómo una serie de incrementos y decrementos afectan un valor inicial hasta llegar a un valor final. Este formato es ideal para descomponer el impacto de diferentes factores en un total.

⇨ Usos comunes: Análisis de cambios en ingresos, descomposición de variaciones en presupuestos, y evaluación de contribuciones a ganancias y pérdidas.

⇨ Variaciones: Gráficos de cascada horizontales y gráficos de cascada verticales.

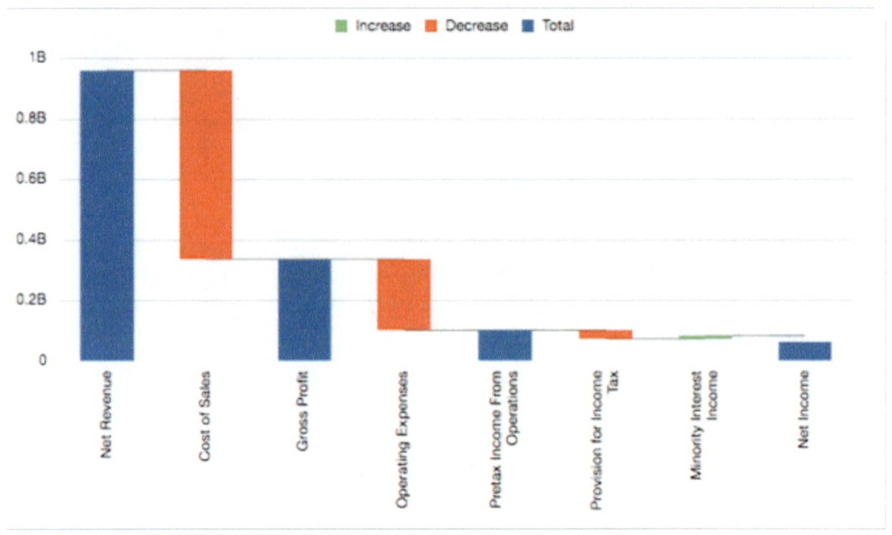

- Bullet Charts

Los bullet charts son gráficos compactos que comparan el rendimiento actual con una meta o un benchmark. Utilizan barras y marcadores para mostrar el progreso hacia los objetivos.

⇨ Usos comunes: Monitoreo de indicadores de rendimiento, seguimiento de objetivos de ventas, y evaluación de metas de proyectos.

⇨ Variaciones: Bullet charts horizontales y bullet charts verticales.

- Box Plots (Diagramas de Caja y Bigotes)

Los box plots muestran la distribución de un conjunto de datos mediante cinco números resumen: mínimo, primer cuartil, mediana, tercer cuartil y máximo. Este formato es útil para identificar la dispersión y los valores atípicos.

- Usos comunes: Comparación de distribuciones salariales, evaluación de variabilidad en tiempos de proceso, y análisis de dispersión en puntuaciones de encuestas.
- Variaciones: Box plots agrupados (para comparar múltiples categorías) y box plots con jitter (para mostrar datos individuales).

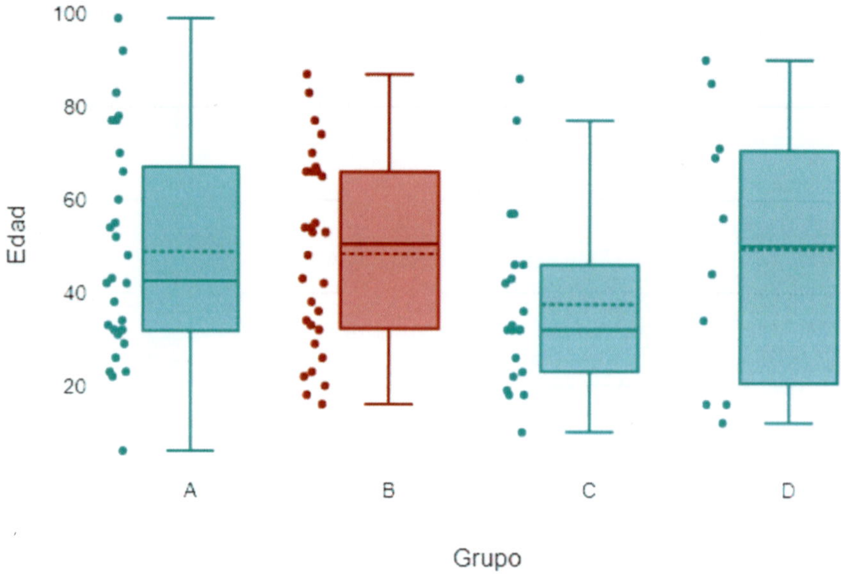

♦ Heatmaps

Los heatmaps son gráficos que utilizan colores para representar la intensidad de los datos en una matriz. Este formato es excelente para visualizar patrones en datos grandes y complejos.

⇨ Usos comunes: Análisis de correlación entre variables, monitoreo de la actividad en sitios web, y evaluación de la ocupación en espacios físicos.

⇨ Variaciones: Heatmaps con escalas de color personalizadas y heatmaps de tiempo (para mostrar cambios a lo largo del tiempo).

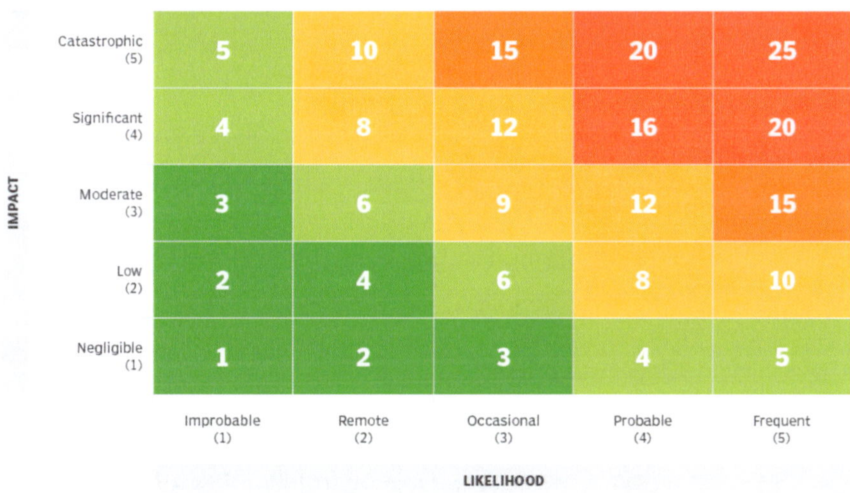

Los componentes de visualización son herramientas poderosas que transforman datos en información accesible y comprensible. Al utilizar una variedad de formatos de visualización, las organizaciones pueden comunicar sus hallazgos de manera más efectiva y tomar decisiones mejor informadas. La elección del componente adecuado depende de la naturaleza de los datos, el objetivo del análisis y la audiencia a la que va dirigido.

4. Pasos para Crear un Informe

Crear un informe efectivo en el contexto de la inteligencia de negocio implica una serie de pasos bien definidos. Este proceso garantiza que los datos recopilados y analizados se presenten de manera clara y comprensible, proporcionando insights valiosos que puedan apoyar la toma de decisiones empresariales. A continuación, se describen los pasos esenciales para crear un informe de inteligencia de negocio:

1. Definir el Objetivo del Informe

   El primer paso en la creación de un informe es definir claramente su objetivo. ¿Qué preguntas se busca responder? ¿Qué decisiones se apoyarán con este informe? Es importante tener una comprensión clara de las necesidades de los usuarios del informe y los problemas específicos que se pretende resolver. Esto ayuda a enfocar el análisis y asegura que el informe sea relevante y útil.

2. Identificar las Fuentes de Datos

   Una vez definido el objetivo del informe, el siguiente paso es identificar las fuentes de datos necesarias. Esto puede incluir bases de datos internas, archivos de Excel, sistemas ERP, datos de redes sociales, y otras fuentes relevantes. Es fundamental asegurar que los datos seleccionados sean precisos, completos y actualizados.

3. Recopilar y Preparar los Datos

   Después de identificar las fuentes de datos, se procede a recopilar y preparar los datos. Este proceso puede implicar la extracción de datos de diversas fuentes, su limpieza (para corregir errores, eliminar duplicados y manejar valores faltantes), y su transformación en un formato adecuado para el análisis. La preparación de datos es crucial para garantizar la calidad y la precisión del análisis posterior.

4. Seleccionar las Herramientas de Análisis

   Existen diversas herramientas y plataformas de inteligencia de negocio disponibles para analizar y visualizar datos. Algunas de las más populares incluyen Power BI, Tableau, QlikView, y herramientas de análisis estadístico como R y Python. La elección de la herramienta adecuada depende de la naturaleza de los datos, el objetivo del informe, y las habilidades del equipo de análisis.

5. Realizar el Análisis de Datos

   Con los datos preparados y las herramientas seleccionadas, se procede a realizar el análisis de datos. Este paso puede implicar el uso de técnicas estadísticas, algoritmos de machine learning, o simplemente la creación de resúmenes y gráficos. El análisis debe estar alineado con el objetivo del informe y proporcionar información relevante y accionable.

   - ⇨ Análisis Descriptivo: Resumir y describir los datos existentes para proporcionar una visión general.
   - ⇨ Análisis Predictivo: Utilizar modelos estadísticos para prever resultados futuros basados en datos históricos.
   - ⇨ Análisis Prescriptivo: Sugerir acciones específicas basadas en los resultados del análisis predictivo.

6. Diseñar el Informe

   El diseño del informe es un paso crucial. Un buen diseño asegura que la información se presente de manera clara, concisa y fácil de entender. Utilizar componentes de visualización apropiados, como gráficos de barras, gráficos de líneas, mapas de calor, y dashboards interactivos, puede ayudar a comunicar los hallazgos de manera efectiva. Es importante estructurar el informe de manera lógica, comenzando con un resumen ejecutivo que destaque los puntos clave, seguido de secciones detalladas que profundicen en los datos y el análisis.

7. Revisar y Validar el Informe

   Antes de presentar el informe a los usuarios finales, es esencial revisarlo y validarlo. Esto implica verificar la precisión de los datos, la coherencia del análisis y la claridad de las visualizaciones. También es útil obtener retroalimentación de colegas o partes interesadas para asegurar que el informe cumple con sus necesidades y expectativas.

8. Presentar el Informe

   La presentación del informe es el paso final. Dependiendo del contexto y la audiencia, esto puede implicar una presentación formal, el envío del informe por correo electrónico, o la publicación en una plataforma de BI. Es importante asegurarse de que los usuarios tengan acceso a la información y comprendan cómo interpretar los hallazgos y las recomendaciones.

9. Monitorear y Actualizar el Informe

   La creación de un informe no es un proceso estático. Es importante monitorear el uso del informe y actualizarlo regularmente para reflejar nuevos datos y cambios en el negocio. Esto asegura que el informe siga siendo relevante y útil a lo largo del tiempo.

10. Documentar el Proceso

   Documentar el proceso de creación del informe es una práctica recomendada. Esto incluye anotar las fuentes de datos utilizadas, las metodologías de análisis aplicadas, y cualquier suposición o decisión clave tomada durante el proceso. La documentación facilita la replicación del informe en el futuro y ayuda a otros miembros del equipo a comprender cómo se llegó a los resultados.

RESUMEN

Las herramientas y técnicas de inteligencia de negocio (BI) son esenciales para ayudar a las organizaciones a convertir los datos en información útil y accionable. En un entorno empresarial dinámico, donde la capacidad de tomar decisiones rápidas y bien fundamentadas es clave para mantenerse competitivo, las herramientas de BI juegan un papel crucial al recopilar, procesar, analizar y presentar datos.

Un aspecto central es la importancia de los reportes, consultas, análisis, alertas y pronósticos, los cuales permiten a las empresas entender tanto su situación actual como prever escenarios futuros. Estas herramientas se presentan en diversos formatos, como reportes tabulares, gráficos, dashboards interactivos y reportes narrativos. Cada uno de estos formatos tiene su utilidad específica. Los reportes tabulares, por ejemplo, son efectivos para manejar grandes volúmenes de datos estructurados, mientras que los gráficos y los dashboards permiten a los usuarios visualizar datos de manera rápida y entender tendencias o patrones de forma intuitiva.

Las consultas permiten extraer información específica de bases de datos utilizando lenguajes como SQL. Las consultas pueden ser simples, de agregación o de unión, cada una diseñada para cumplir distintos objetivos analíticos, como obtener datos básicos, realizar resúmenes estadísticos o combinar información de diferentes tablas para obtener una visión más completa.

En cuanto al análisis, este puede ser descriptivo, predictivo o prescriptivo, con cada enfoque ayudando a las empresas a entender sus datos de maneras diferentes. El análisis descriptivo resume los datos existentes, el predictivo utiliza modelos para prever resultados futuros, y el prescriptivo sugiere acciones basadas en estos análisis predictivos.

Las alertas, por otro lado, son notificaciones automáticas que informan a los usuarios de eventos o situaciones críticas, como cambios en los niveles de ventas o inventarios. Pueden llegar mediante correo electrónico, SMS o mostrarse en dashboards interactivos.

Los pronósticos, utilizando datos históricos y técnicas analíticas avanzadas, permiten a las empresas prever comportamientos futuros. Estos se suelen presentar en gráficos de series temporales o tablas que facilitan la comparación entre los datos previstos y los reales.

La visualización de datos es un componente fundamental de la BI. Elementos gráficos como gráficos de barras, de líneas, de pastel y mapas de calor permiten representar grandes volúmenes de datos de manera accesible. Estos componentes ayudan a los usuarios a identificar tendencias, patrones y anomalías que pueden no ser evidentes en datos crudos. Además, herramientas interactivas como los dashboards ofrecen una experiencia dinámica, permitiendo a los usuarios explorar datos en tiempo real y profundizar en los análisis según sea necesario.

Finalmente, el proceso de creación de un informe efectivo en BI implica varios pasos: definir claramente el objetivo del informe, identificar y preparar las fuentes de datos, seleccionar las herramientas adecuadas para el análisis, realizar el análisis de datos y diseñar el informe de manera que sea comprensible y útil para los tomadores de decisiones.

AUTOEVALUACIÓN

1. ¿Cuál es el propósito principal de los reportes en BI?
   - A. Realizar consultas SQL
   - B. Presentar información clara y estructurada para apoyar la toma de decisiones.
   - C. Generar alertas en tiempo real

2. ¿Qué tipo de análisis utiliza modelos estadísticos para prever resultados futuros?
   - A. Análisis descriptivo
   - B. Análisis predictivo
   - C. Análisis de consultas

3. ¿Cuál de los siguientes formatos es más adecuado para visualizar datos categóricos?
   - A. Gráficos de barras
   - B. Gráficos de líneas
   - C. Mapas de calor

4. ¿Qué componente de visualización es ideal para monitorear indicadores clave de rendimiento (KPI) en tiempo real?
   - A. Gráficos de pastel
   - B. Dashboards
   - C. Tablas de pronósticos

5. ¿Qué paso es fundamental antes de crear un informe en BI?
   - A. Seleccionar las herramientas de visualización
   - B. Definir claramente el objetivo del informe
   - C. Generar alertas

6. ¿Qué herramienta es útil para combinar datos de múltiples tablas en una consulta?
   - A. Consultas simples
   - B. Consultas de unión
   - C. Consultas de agregación

ICB
EDITORES

UNIDAD

5.2. Herramientas de Visualización y Consulta

Contenido de la Unidad

- Características Clave de las Plataformas de Análisis y Business Intelligence
- Beneficios de las Plataformas de BI
- Ejemplos de Plataformas de BI
- Implementación de una Plataforma de BI
- Resumen
- Autoevaluación

ICB
EDITORES

1. Características Clave de las Plataformas de Análisis y Business Intelligence

Las plataformas de análisis y Business Intelligence (BI) son herramientas esenciales para las organizaciones que buscan tomar decisiones informadas basadas en datos. Estas plataformas permiten a los usuarios recopilar, procesar, analizar y visualizar datos de manera eficiente. En esta sección, exploraremos las características clave, beneficios y ejemplos de algunas de las plataformas de BI más utilizadas en el mercado.

Las plataformas de BI modernas ofrecen una amplia gama de funcionalidades que facilitan el análisis y la visualización de datos. Algunas de las características más importantes incluyen:

1. Recopilación y Gestión de Datos

   Las plataformas de BI permiten la integración de datos provenientes de múltiples fuentes, como bases de datos, hojas de cálculo, aplicaciones en la nube y sistemas ERP. Esta capacidad de consolidar datos dispares en un solo lugar es fundamental para obtener una visión completa y coherente del negocio.

   ⇨ ETL (Extract, Transform, Load): Herramientas que extraen datos de diversas fuentes, los transforman en un formato adecuado y los cargan en un sistema de almacenamiento.

   ⇨ Conectores de Datos: Interfaces que facilitan la conexión con diferentes fuentes de datos, tanto internas como externas.

2. Análisis de Datos

   Las plataformas de BI ofrecen potentes herramientas analíticas que permiten a los usuarios explorar y analizar datos de manera profunda. Estas herramientas incluyen:

   ⇨ Análisis Descriptivo: Resumen de datos históricos para identificar patrones y tendencias.

   ⇨ Análisis Predictivo: Uso de modelos estadísticos y algoritmos de machine learning para prever resultados futuros.

- ⇨ Análisis Prescriptivo: Sugerencia de acciones específicas basadas en los resultados del análisis predictivo.

3. Visualización de Datos

   La capacidad de transformar datos en visualizaciones claras y comprensibles es una de las características más destacadas de las plataformas de BI. Estas visualizaciones pueden incluir:

   - ⇨ Gráficos de Barras y Líneas: Para comparar datos categóricos y visualizar tendencias temporales.
   - ⇨ Dashboards Interactivos: Paneles que combinan múltiples visualizaciones y permiten la exploración dinámica de los datos.
   - ⇨ Mapas Geográficos: Para visualizar datos geoespaciales y analizar patrones geográficos.

4. Informes y Dashboards Personalizables

   Las plataformas de BI permiten a los usuarios crear informes y dashboards personalizados que se ajustan a sus necesidades específicas. Los usuarios pueden seleccionar las métricas y visualizaciones más relevantes y organizarlas en un formato que facilite la toma de decisiones.

   - ⇨ Drag-and-Drop: Interfaces intuitivas que permiten a los usuarios crear visualizaciones y dashboards sin necesidad de conocimientos técnicos avanzados.
   - ⇨ Plantillas Predefinidas: Diseños predeterminados que pueden ser fácilmente adaptados a diferentes necesidades.

5. Acceso y Colaboración en Tiempo Real

   Las plataformas de BI modernas facilitan el acceso a los datos y la colaboración entre usuarios en tiempo real. Esto incluye:

   - ⇨ Acceso Móvil: Posibilidad de acceder a los datos y visualizaciones desde dispositivos móviles.

- ⇨ Colaboración en Línea: Herramientas que permiten a los usuarios compartir informes y dashboards, hacer comentarios y trabajar juntos en análisis de datos.

6. Seguridad y Gobernanza de Datos

   La seguridad y la gobernanza de datos son aspectos críticos en las plataformas de BI. Estas herramientas deben garantizar que los datos sean accesibles solo por personas autorizadas y que se cumplan las políticas de privacidad y protección de datos.

   - ⇨ Control de Acceso: Mecanismos que permiten definir quién puede ver y editar diferentes conjuntos de datos.
   - ⇨ Auditoría y Trazabilidad: Funcionalidades que registran el acceso y las modificaciones de datos para asegurar la transparencia y el cumplimiento de normativas.

2. Beneficios de las Plataformas de BI

Las plataformas de BI ofrecen numerosos beneficios a las organizaciones, entre los que se incluyen:

1. Toma de Decisiones Informadas

   Al proporcionar acceso a datos precisos y actualizados, las plataformas de BI permiten a los tomadores de decisiones basar sus decisiones en hechos y no en suposiciones. Esto reduce el riesgo de errores y aumenta la efectividad de las estrategias empresariales.

2. Aumento de la Eficiencia Operativa

   Las herramientas de BI automatizan muchos procesos de recopilación y análisis de datos, lo que ahorra tiempo y recursos. Además, la capacidad de visualizar datos de manera clara ayuda a identificar áreas de ineficiencia y oportunidades de mejora.

3. Mejora de la Colaboración

   Las plataformas de BI facilitan la colaboración entre equipos y departamentos al permitir el acceso compartido a datos y visualizaciones. Esto promueve una cultura de datos en toda la organización y asegura que todos trabajen con la misma información.

4. Flexibilidad y Escalabilidad

   Las soluciones de BI son altamente flexibles y escalables, lo que permite a las organizaciones adaptarse rápidamente a cambios en el entorno empresarial y a nuevas necesidades de datos. Las plataformas en la nube, en particular, ofrecen una escalabilidad casi ilimitada.

5. Identificación de Oportunidades y Amenazas

   El análisis avanzado y las capacidades predictivas de las plataformas de BI ayudan a las organizaciones a identificar oportunidades de crecimiento y a anticipar posibles amenazas. Esto es crucial para mantenerse competitivos en un mercado en constante cambio.

3. Ejemplos de Plataformas de BI

Existen varias plataformas de BI líderes en el mercado, cada una con sus propias fortalezas y características. A continuación, se describen algunas de las más populares:

1. Power BI

   Desarrollada por Microsoft, Power BI es una plataforma de BI altamente flexible y fácil de usar que permite a los usuarios crear dashboards interactivos y visualizaciones de datos. Power BI se integra fácilmente con otros productos de Microsoft, como Excel y Azure, y ofrece una amplia gama de conectores de datos.

2. Tableau

   Tableau es conocida por su capacidad de crear visualizaciones de datos intuitivas y atractivas. Ofrece potentes herramientas analíticas y es ampliamente utilizada en diversos sectores. Tableau permite a los usuarios explorar datos de manera interactiva y compartir insights a través de dashboards colaborativos.

3. Qlik Sense

   Qlik Sense es una plataforma de BI que se destaca por su capacidad de realizar análisis asociativos. Esto permite a los usuarios explorar datos desde múltiples ángulos y descubrir relaciones ocultas. Qlik Sense también ofrece una interfaz de usuario amigable y opciones de personalización avanzadas.

4. SAP BusinessObjects

   SAP BusinessObjects es una solución de BI robusta que ofrece una amplia gama de herramientas para el análisis y la visualización de datos. Es ideal para grandes organizaciones que requieren capacidades avanzadas de BI y una integración profunda con otros sistemas de SAP.

5. Looker

   Looker, ahora parte de Google Cloud, es una plataforma de BI basada en la nube que permite a los usuarios explorar y analizar datos de manera colaborativa. Looker utiliza un lenguaje de modelado de datos llamado LookML, que facilita la creación de informes y dashboards personalizados.

4. Implementación de una Plataforma de BI

La implementación de una plataforma de BI requiere una planificación cuidadosa y una ejecución meticulosa. A continuación, se describen los pasos clave en el proceso de implementación:

1. Evaluación de Necesidades

   Antes de seleccionar una plataforma de BI, es importante evaluar las necesidades específicas de la organización. Esto incluye identificar los objetivos de BI, los usuarios finales, las fuentes de datos y las funcionalidades requeridas.

2. Selección de la Plataforma

   Basándose en la evaluación de necesidades, se debe seleccionar la plataforma de BI que mejor se adapte a los requisitos de la organización. Es útil realizar pruebas de concepto y obtener retroalimentación de los usuarios finales antes de tomar una decisión final.

3. Preparación de Datos

   La preparación de datos es un paso crucial en la implementación de una plataforma de BI. Esto incluye la integración de datos de diversas fuentes, la limpieza y transformación de datos, y la creación de un modelo de datos que facilite el análisis.

4. Configuración de la Plataforma

   Una vez que los datos están preparados, se procede a la configuración de la plataforma de BI. Esto incluye la creación de conectores de datos, la configuración de dashboards e informes, y la definición de permisos de acceso y seguridad.

5. Capacitación de Usuarios

   Es fundamental capacitar a los usuarios finales en el uso de la plataforma de BI. Esto incluye formación en la creación de visualizaciones, la interpretación de datos y el uso de herramientas analíticas avanzadas.

6. Monitoreo y Mantenimiento

   Después de la implementación, es importante monitorear el rendimiento de la plataforma de BI y realizar ajustes según sea necesario. Esto incluye la actualización de datos, la optimización de consultas y la resolución de cualquier problema técnico.

En conclusión, las plataformas de análisis y Business Intelligence son herramientas poderosas que permiten a las organizaciones transformar datos en información valiosa. Al elegir e implementar la plataforma adecuada, las empresas pueden mejorar significativamente su capacidad para tomar decisiones informadas, aumentar la eficiencia operativa y mantenerse competitivas en un mercado en constante cambio.

RESUMEN

Las herramientas de visualización y consulta son fundamentales en un entorno empresarial inundado de datos. Estas herramientas permiten a las organizaciones recopilar, procesar, analizar y presentar datos de manera clara y comprensible, facilitando así la toma de decisiones basadas en información precisa. Las plataformas de análisis y Business Intelligence (BI) son esenciales en este proceso, proporcionando capacidades para gestionar y visualizar datos de manera eficiente.

Las plataformas de BI permiten integrar datos de múltiples fuentes, como bases de datos, hojas de cálculo y aplicaciones en la nube, para obtener una visión coherente del negocio. Estas herramientas cuentan con funcionalidades de análisis descriptivo, predictivo y prescriptivo, que ayudan a los usuarios a explorar los datos a profundidad, identificar patrones históricos y prever resultados futuros. Además, las plataformas BI facilitan la creación de visualizaciones, como gráficos de barras, de líneas, mapas geográficos y dashboards interactivos, que transforman los datos en representaciones visuales fáciles de interpretar.

Una de las principales ventajas de estas plataformas es su capacidad para personalizar informes y dashboards, adaptándose a las necesidades de cada usuario o equipo. Estas plataformas también permiten la colaboración en tiempo real, ofreciendo acceso móvil y herramientas para compartir visualizaciones, lo que fomenta el trabajo en equipo basado en datos actualizados.

La seguridad es otro aspecto importante, ya que estas herramientas ofrecen mecanismos para controlar el acceso a los datos, asegurando que solo personas autorizadas puedan visualizar y manipular la información. Las plataformas de BI permiten definir roles y niveles de acceso, lo que garantiza la protección de datos sensibles y el cumplimiento de normativas.

El uso de estas plataformas tiene múltiples beneficios, como mejorar la toma de decisiones al basarse en datos precisos, aumentar la eficiencia operativa al automatizar la recopilación y el análisis de datos, y fomentar una cultura colaborativa en la organización. También permiten a las empresas adaptarse rápidamente a cambios en el entorno empresarial gracias a su flexibilidad y escalabilidad, especialmente cuando están alojadas en la nube.

Existen diversas plataformas de BI destacadas en el mercado, como Power BI, Tableau, Qlik Sense, SAP BusinessObjects y Looker. Cada una de ellas ofrece funcionalidades únicas para la creación de visualizaciones y análisis avanzados. Power BI, por ejemplo, es conocida por su integración con el ecosistema Microsoft, mientras que Tableau sobresale por su capacidad de crear visualizaciones intuitivas y atractivas. Qlik Sense se destaca por su análisis asociativo, y SAP BusinessObjects es ideal para grandes organizaciones que necesitan capacidades avanzadas. Looker, por su parte, está diseñada para análisis colaborativo en la nube.

Implementar una plataforma de BI requiere de una planificación cuidadosa. Es fundamental evaluar las necesidades de la organización, seleccionar la plataforma adecuada, preparar los datos de manera correcta, y configurar la herramienta para asegurar un acceso seguro y eficiente. Además, es crucial capacitar a los usuarios finales y monitorear continuamente el rendimiento de la plataforma para ajustarla a las necesidades cambiantes del negocio.

En resumen, las plataformas de análisis y Business Intelligence proporcionan a las organizaciones una ventaja competitiva al permitirles transformar datos en información útil. Con la plataforma adecuada y una implementación efectiva, las empresas pueden mejorar su eficiencia, optimizar la toma de decisiones y mantenerse al día en un mercado competitivo.

AUTOEVALUACIÓN

1. ¿Cuál es una de las funciones clave de una plataforma de BI?

   A. Crear contenido publicitario.
   B. Gestionar equipos de ventas.
   A. Recopilar, procesar y visualizar datos.
   B. Gestionar la producción industrial.

2. ¿Cuál de las siguientes herramientas es conocida por su capacidad de crear visualizaciones intuitivas y atractivas?

   A. Power BI.
   B. Tableau.
   C. SAP BusinessObjects.
   D. Qlik Sense.

3. ¿Qué aspecto es crucial para garantizar la seguridad en las plataformas de BI?

   A. Acceso móvil.
   B. Control de acceso y permisos.
   C. Conectores de datos.
   D. Dashboards interactivos.

4. ¿Qué tipo de análisis es utilizado para prever resultados futuros basados en datos históricos?

   A. Análisis descriptivo.
   B. Análisis predictivo.
   C. Análisis de series temporales.
   D. Análisis visual.

5. ¿Cuál es uno de los beneficios principales del uso de plataformas de BI?

   A. Reducir los costos de producción.
   B. Aumentar la eficiencia operativa mediante la automatización de análisis de datos.
   C. Crear campañas publicitarias.
   D. Diseñar nuevos productos.

6. ¿Cuál de las siguientes plataformas de BI está integrada en el ecosistema de Microsoft?

   A. Power BI.
   B. Tableau.
   C. Looker.
   D. SAP BusinessObjects.

UNIDAD

5.3. Power BI Desktop

Contenido de la Unidad

- Productos
- Arquitectura y Escenarios
- Presentación de Power BI Desktop
- Resumen
- Autoevaluación

ICB
EDITORES

1. Productos

Power BI es una suite completa de herramientas y servicios de Business Intelligence ofrecida por Microsoft. Esta suite está diseñada para ayudar a las organizaciones a recopilar, analizar y visualizar datos de manera efectiva. Los productos de Power BI se integran de manera fluida, proporcionando una experiencia coherente y potente para los usuarios. A continuación, se describen los componentes clave de la suite de Power BI.

- Power BI Desktop

  Power BI Desktop es una aplicación de escritorio gratuita que permite a los usuarios conectarse a diversas fuentes de datos, realizar transformaciones de datos y crear informes interactivos. Es la herramienta principal para diseñar y desarrollar informes y dashboards en Power BI.

  - Características Principales:

    - Conexión a Múltiples Fuentes de Datos: Power BI Desktop puede conectarse a una amplia variedad de fuentes de datos, incluyendo bases de datos SQL, servicios en la nube, archivos de Excel y más.

    - Transformación y Modelado de Datos: Con Power Query, los usuarios pueden transformar y modelar datos antes de analizarlos. Esto incluye operaciones como filtrar, agrupar, agregar y crear relaciones entre diferentes conjuntos de datos.

    - Visualización de Datos: Los usuarios pueden crear visualizaciones interactivas, como gráficos de barras, gráficos de líneas, mapas y más, utilizando una interfaz intuitiva de arrastrar y soltar.

    - Publicación en el Servicio de Power BI: Una vez creados, los informes pueden ser publicados en el servicio de Power BI para ser compartidos y colaborados con otros usuarios.

- Power BI Service

  Power BI Service es una plataforma basada en la nube que permite a los usuarios ver, compartir y colaborar en informes y dashboards. Proporciona una serie de capacidades adicionales para la gestión de informes y la colaboración en equipo.

⇨ Características Principales:

- Dashboards en Tiempo Real: Permite la creación de dashboards que se actualizan en tiempo real, proporcionando a los usuarios la información más reciente.
- Compartición y Colaboración: Los usuarios pueden compartir informes y dashboards con otros miembros de la organización, facilitando la colaboración y el acceso a la información.
- Espacios de Trabajo: Los equipos pueden trabajar juntos en espacios de trabajo compartidos, donde pueden desarrollar y refinar informes y dashboards de manera colaborativa.
- Seguridad y Administración: Power BI Service incluye características avanzadas de seguridad y administración, como la gestión de usuarios, control de acceso basado en roles y auditorías.

♦ Power BI Mobile

Power BI Mobile permite a los usuarios acceder a sus informes y dashboards desde dispositivos móviles. Las aplicaciones móviles están disponibles para iOS, Android y Windows, y están diseñadas para proporcionar una experiencia optimizada en dispositivos móviles.

⇨ Características Principales:

- Acceso en Cualquier Momento y Lugar: Los usuarios pueden acceder a sus datos en cualquier momento y lugar, facilitando la toma de decisiones rápidas.
- Interactividad: Las aplicaciones móviles permiten a los usuarios interactuar con sus visualizaciones, aplicar filtros y explorar datos detallados.
- Notificaciones y Alertas: Los usuarios pueden configurar alertas para ser notificados cuando se alcanzan ciertos umbrales en sus

datos, manteniéndolos informados sobre eventos críticos.

- Power BI Report Server

  Power BI Report Server es una solución local que permite a las organizaciones almacenar y gestionar sus informes y dashboards en sus propios servidores. Es ideal para organizaciones que necesitan cumplir con requisitos específicos de seguridad y regulación que impiden el uso de servicios en la nube.

  - Características Principales:

    - Despliegue On-Premises: Permite a las organizaciones mantener sus datos y análisis en sus propias instalaciones, proporcionando control total sobre la infraestructura.

    - Compatibilidad con Informes de Power BI y SSRS: Power BI Report Server soporta tanto informes creados en Power BI Desktop como informes tradicionales de SQL Server Reporting Services (SSRS).

    - Actualizaciones Automáticas: Proporciona una experiencia de actualización fluida para mantener los informes al día con los últimos datos.

- Power BI Embedded

  Power BI Embedded es un servicio que permite a los desarrolladores integrar las capacidades de Power BI en sus propias aplicaciones. Esto permite a las organizaciones ofrecer análisis y visualizaciones avanzadas directamente a sus clientes y usuarios finales.

  - Características Principales:

    - Integración Sencilla: Los desarrolladores pueden integrar fácilmente informes y dashboards de Power BI en aplicaciones web y móviles.

    - Personalización: Ofrece opciones de personalización para adaptar las visualizaciones y análisis a las necesidades específicas de los usuarios finales.

- Escalabilidad: Diseñado para manejar grandes volúmenes de datos y usuarios, asegurando un rendimiento óptimo incluso en aplicaciones de gran escala.

- Beneficios de los Productos de Power BI

  Los productos de Power BI proporcionan numerosos beneficios a las organizaciones, incluyendo:

  - Facilidad de Uso: La interfaz intuitiva de Power BI facilita a los usuarios de todos los niveles de habilidad la creación y el análisis de informes y dashboards.
  - Integración Fluida: La capacidad de integrarse con una amplia variedad de fuentes de datos y otros productos de Microsoft permite una implementación y utilización sin problemas.
  - Flexibilidad y Escalabilidad: Las diversas opciones de despliegue, desde la nube hasta soluciones on-premises, permiten a las organizaciones escalar sus soluciones de BI según sus necesidades.
  - Colaboración y Compartición: Las capacidades de colaboración y compartición de Power BI facilitan la difusión de insights y la toma de decisiones basada en datos en toda la organización.
  - Seguridad y Control: Las avanzadas características de seguridad y administración aseguran que los datos estén protegidos y que solo los usuarios autorizados tengan acceso a información crítica.

2. Arquitectura y Escenarios

La arquitectura de Power BI Desktop y los escenarios en los que se utiliza son fundamentales para entender cómo esta herramienta puede integrarse y optimizar los procesos de Business Intelligence en una organización. A continuación, se describen los componentes clave de la arquitectura de Power BI Desktop y varios escenarios típicos de uso.

2.1. Arquitectura de Power BI Desktop

La arquitectura de Power BI Desktop se compone de varios elementos interconectados que permiten la recopilación, procesamiento, análisis y visualización de datos. Los componentes principales incluyen:

1. Fuentes de Datos

   Power BI Desktop puede conectarse a una amplia variedad de fuentes de datos, tanto internas como externas. Estas fuentes incluyen:

   ⇨ Bases de Datos Relacionales: SQL Server, Oracle, MySQL, PostgreSQL, entre otros.

   ⇨ Archivos: Excel, CSV, XML, JSON.

   ⇨ Servicios en la Nube: Azure, Google Analytics, Salesforce, entre otros.

   ⇨ APIs y Servicios Web: Integración con diversas APIs y servicios web para la extracción de datos.

2. Power Query

   Power Query es el motor de extracción, transformación y carga (ETL) de Power BI Desktop. Permite a los usuarios conectar, combinar y refinar datos de múltiples fuentes. Las características clave de Power Query incluyen:

   ⇨ Conexión a Fuentes de Datos: Fácil conexión a diversas fuentes de datos.

   ⇨ Transformación de Datos: Filtrado, agrupación, agregación, limpieza y transformación de datos.

   ⇨ Combinar Datos: Capacidad para combinar datos de diferentes fuentes en un solo modelo de datos.

3. Modelo de Datos

   El modelo de datos en Power BI Desktop es donde se almacenan los datos transformados. Este modelo permite a los usuarios definir relaciones entre diferentes tablas y crear cálculos personalizados usando DAX (Data Analysis Expressions).

   ⇨ Relaciones entre Tablas: Definición de relaciones entre diferentes tablas de datos para facilitar el análisis.

- ⇨ Medidas y Columnas Calculadas: Creación de medidas y columnas calculadas utilizando DAX para realizar cálculos avanzados.

4. Visualización de Datos

   Power BI Desktop proporciona una amplia gama de herramientas de visualización que permiten a los usuarios crear informes y dashboards interactivos. Las características de visualización incluyen:

   - ⇨ Gráficos y Tablas: Gráficos de barras, líneas, pastel, tablas y matrices.
   - ⇨ Mapas: Mapas geográficos para la visualización de datos espaciales.
   - ⇨ Dashboards Interactivos: Paneles que combinan múltiples visualizaciones y permiten la interacción dinámica con los datos.

5. Publicación y Compartición

   Una vez que los informes y dashboards se han creado en Power BI Desktop, pueden ser publicados en el servicio de Power BI para su compartición y colaboración. Los usuarios pueden acceder a estos informes desde cualquier lugar y dispositivo.

   - ⇨ Publicación en Power BI Service: Subir informes y dashboards a la nube para compartirlos con otros usuarios.
   - ⇨ Colaboración en Tiempo Real: Herramientas para la colaboración en equipo y la revisión conjunta de informes.

2.2. Escenarios de Uso de Power BI Desktop

Power BI Desktop se utiliza en una amplia variedad de escenarios empresariales para mejorar la toma de decisiones basada en datos. Algunos escenarios típicos incluyen:

1. Análisis de Ventas y Marketing

   Las empresas pueden utilizar Power BI Desktop para analizar datos de ventas y marketing, identificando tendencias, patrones y oportunidades de mejora.

- ⇨ Seguimiento de Ventas: Análisis de datos de ventas por producto, región, canal de ventas, etc.
- ⇨ Efectividad de Campañas de Marketing: Evaluación del rendimiento de campañas de marketing y análisis de retorno de inversión (ROI).

2. Gestión Financiera

Power BI Desktop facilita el análisis financiero, permitiendo a las organizaciones monitorear su rendimiento financiero y tomar decisiones estratégicas.

- ⇨ Informes Financieros: Creación de informes de estado de resultados, balances y flujo de caja.
- ⇨ Presupuestación y Pronósticos: Análisis de presupuestos y pronósticos financieros para la planificación futura.

3. Optimización de la Cadena de Suministro

Las organizaciones pueden utilizar Power BI Desktop para optimizar sus operaciones de cadena de suministro, mejorando la eficiencia y reduciendo costos.

- ⇨ Monitoreo de Inventarios: Análisis de niveles de inventario y optimización de reabastecimientos.
- ⇨ Rendimiento de Proveedores: Evaluación del rendimiento de proveedores y análisis de tiempos de entrega.

4. Gestión de Recursos Humanos

Power BI Desktop puede ser utilizado para gestionar datos de recursos humanos, mejorando la gestión del talento y la planificación de la fuerza laboral.

- ⇨ Análisis de Retención de Empleados: Identificación de patrones de retención y rotación de empleados.
- ⇨ Desempeño de Empleados: Evaluación del desempeño de los empleados y análisis de necesidades de formación.

5. Análisis de Clientes

   Las empresas pueden utilizar Power BI Desktop para analizar datos de clientes, mejorando la comprensión de sus necesidades y comportamientos.

   ⇨ Segmentación de Clientes: Análisis de segmentos de clientes y personalización de estrategias de marketing.

   ⇨ Satisfacción del Cliente: Monitoreo de la satisfacción del cliente y análisis de comentarios y encuestas.

6. Monitoreo de Proyectos

   Power BI Desktop es útil para el seguimiento y monitoreo de proyectos, proporcionando una visión clara del progreso y el rendimiento.

   ⇨ Gestión de Proyectos: Análisis del progreso de los proyectos, seguimiento de hitos y control de presupuestos.

   ⇨ Identificación de Riesgos: Detección de riesgos potenciales y problemas en el proyecto a tiempo para tomar acciones correctivas.

2.3. Beneficios de la Arquitectura y Escenarios de Power BI Desktop

La arquitectura flexible y las capacidades versátiles de Power BI Desktop ofrecen numerosos beneficios a las organizaciones, incluyendo:

⇨ Integración con Diversas Fuentes de Datos: Capacidad para consolidar datos de múltiples fuentes en un solo modelo.

⇨ Análisis Profundo y Detallado: Herramientas avanzadas para el análisis detallado y la creación de informes personalizados.

⇨ Facilidad de Uso y Accesibilidad: Interfaz intuitiva que facilita la creación de visualizaciones y dashboards interactivos.

⇨ Colaboración y Compartición: Funcionalidades para la colaboración en tiempo real y la compartición de informes con otros usuarios.

⇨ Seguridad y Gobernanza de Datos: Herramientas avanzadas para asegurar que los datos sean accesibles solo por personas autorizadas.

En resumen, Power BI Desktop es una herramienta poderosa y versátil que puede ser utilizada en una variedad de escenarios empresariales para mejorar la toma de decisiones basada en datos. Su arquitectura robusta y su capacidad para integrarse con diversas fuentes de datos la convierten en una solución ideal para organizaciones de todos los tamaños.

3. PRESENTACIÓN DE POWER BI DESKTOP

Power BI Desktop es una herramienta integral que permite a los usuarios de negocios y analistas de datos transformar datos en visualizaciones interactivas y detalladas. Diseñada por Microsoft, esta aplicación de escritorio gratuita es una parte fundamental del ecosistema de Power BI, ofreciendo una plataforma robusta para el análisis y la presentación de datos. A continuación, se presenta una visión general de las características clave y funcionalidades de Power BI Desktop.

- Interfaz de Usuario

  Power BI Desktop cuenta con una interfaz intuitiva y amigable, diseñada para facilitar la creación y gestión de informes. La interfaz se compone de varias áreas clave:

  - Cinta de Opciones: Similar a otras aplicaciones de Microsoft, la cinta de opciones en Power BI Desktop contiene todas las herramientas y comandos necesarios para crear y gestionar informes, organizados en pestañas como Inicio, Modelado, y Vista.

  - Panel de Campos: Muestra todas las tablas y campos disponibles del modelo de datos, permitiendo a los usuarios arrastrar y soltar campos en las visualizaciones.

  - Panel de Visualizaciones: Contiene todos los tipos de gráficos y visualizaciones disponibles. Los usuarios pueden seleccionar y personalizar estas visualizaciones según sus necesidades.

  - Lienzo de Informe: Área principal donde los usuarios pueden crear y organizar sus visualizaciones, agregando gráficos, tablas, y otros elementos visuales.

- ⇨ Panel de Filtros: Permite a los usuarios aplicar filtros a los datos para enfocarse en subconjuntos específicos de la información.

- ♦ Conexión a Fuentes de Datos

Una de las fortalezas de Power BI Desktop es su capacidad para conectarse a una amplia variedad de fuentes de datos. Los usuarios pueden importar datos de bases de datos relacionales, archivos de Excel, servicios en la nube como Azure, APIs web, y muchas otras fuentes. Esta flexibilidad permite a las organizaciones consolidar datos de múltiples orígenes en un solo lugar para un análisis más completo.

- ⇨ Conectores de Datos: Power BI Desktop incluye numerosos conectores predefinidos que facilitan la conexión a diferentes tipos de datos, desde SQL Server y Oracle hasta Google Analytics y Salesforce.

- ⇨ Transformación de Datos con Power Query: Los usuarios pueden limpiar y transformar los datos importados utilizando Power Query, una herramienta integrada que ofrece una amplia gama de funcionalidades ETL (extracción, transformación y carga).

- ♦ Modelado de Datos

Power BI Desktop permite a los usuarios crear modelos de datos robustos y bien estructurados. Esto incluye la capacidad de definir relaciones entre tablas, crear medidas y columnas calculadas usando DAX (Data Analysis Expressions), y establecer jerarquías y categorías.

- ⇨ Relaciones entre Tablas: Los usuarios pueden definir y gestionar relaciones entre diferentes tablas de datos, facilitando análisis más complejos y detallados.

- ⇨ Medidas y Columnas Calculadas: Utilizando DAX, los usuarios pueden crear cálculos personalizados que se actualizan automáticamente cuando se actualizan los datos subyacentes.

- ⇨ Jerarquías: Facilitan la navegación y el análisis de datos en niveles diferentes, como año, trimestre, mes, y día.

- ♦ Creación de Visualizaciones

La capacidad de crear visualizaciones atractivas y dinámicas es una de las características más destacadas de Power BI Desktop. Los usuarios pueden elegir entre una amplia variedad de tipos de visualización, incluyendo gráficos de barras, líneas, pastel, dispersión, mapas, y muchos más. Cada visualización puede ser personalizada con colores, etiquetas, y otros elementos de diseño para mejorar la claridad y el impacto visual.

⇨ Dashboards Interactivos: Los usuarios pueden combinar múltiples visualizaciones en dashboards interactivos que permiten explorar los datos de manera dinámica.

⇨ Filtros y Segmentación: Las visualizaciones pueden ser filtradas y segmentadas para mostrar solo los datos relevantes, lo que facilita el enfoque en áreas específicas de interés.

⇨ Tooltips y Detalles Drill-Down: Power BI Desktop permite agregar tooltips personalizados y capacidades de drill-down para que los usuarios puedan profundizar en los detalles detrás de las visualizaciones.

♦ Publicación y Compartición

Una vez que se han creado los informes y dashboards en Power BI Desktop, los usuarios pueden publicarlos en el servicio de Power BI (Power BI Service) para compartirlos con otros miembros de la organización. Esta funcionalidad facilita la colaboración y asegura que los insights generados a partir de los datos sean accesibles para las personas adecuadas.

⇨ Publicación en la Nube: Los informes pueden ser publicados en Power BI Service, donde los usuarios pueden acceder a ellos desde cualquier lugar y dispositivo.

⇨ Seguridad y Control de Acceso: Los administradores pueden definir permisos y roles de acceso para asegurar que solo las personas autorizadas puedan ver y modificar los informes.

⇨ Actualización Automática: Los informes publicados pueden ser configurados para actualizarse automáticamente con datos nuevos, asegurando que la información presentada siempre esté actualizada.

- Capacidades Avanzadas

  Además de sus funcionalidades básicas, Power BI Desktop ofrece varias capacidades avanzadas que permiten a los usuarios realizar análisis más sofisticados y detallados.

  - Integración con R y Python: Los usuarios pueden incorporar scripts de R y Python para realizar análisis avanzados y crear visualizaciones personalizadas.
  - Inteligencia Artificial y Machine Learning: Power BI Desktop incluye características de IA y ML, como la detección de anomalías y el análisis de sentimientos, que ayudan a identificar patrones y tendencias ocultas en los datos.
  - Paginated Reports: Para informes más formales y detallados, Power BI Desktop soporta la creación de informes paginados, que son ideales para documentos impresos y distribución formal.

En conclusión, Power BI Desktop es una herramienta poderosa y versátil que capacita a los usuarios para transformar datos en visualizaciones interactivas y accionables. Su capacidad para conectarse a diversas fuentes de datos, modelar y transformar datos, crear visualizaciones detalladas y compartir informes hace que sea una solución integral para las necesidades de Business Intelligence de cualquier organización.

RESUMEN

Power BI Desktop es una herramienta esencial para la transformación de datos en información valiosa y visualizaciones interactivas. Desarrollada por Microsoft, permite a los usuarios conectarse a diversas fuentes de datos, realizar transformaciones y análisis avanzados, y crear informes y dashboards que pueden ser compartidos dentro de una organización. Entre los principales productos de la suite de Power BI, destacan Power BI Desktop, Power BI Service (plataforma en la nube), Power BI Mobile y Power BI Report Server (para despliegue local), ofreciendo flexibilidad en su uso según las necesidades empresariales.

Power BI Desktop ofrece la posibilidad de conectar diversas fuentes de datos, incluyendo bases de datos relacionales (como SQL Server), archivos de Excel, servicios en la nube como Azure y APIs web. Esta versatilidad facilita la integración de datos y la creación de modelos de datos robustos con relaciones entre tablas, medidas calculadas usando DAX (Data Analysis Expressions), y jerarquías. También permite transformar y limpiar datos utilizando Power Query, que facilita las operaciones ETL.

La arquitectura de Power BI Desktop se basa en varios componentes, como fuentes de datos, Power Query, modelos de datos y herramientas de visualización. Los datos pueden ser recopilados y transformados antes de crear visualizaciones dinámicas e interactivas, como gráficos de barras, líneas, mapas y dashboards. Los informes pueden publicarse en Power BI Service para su uso colaborativo y acceder a ellos desde cualquier dispositivo. Esta capacidad para compartir y colaborar hace que sea una herramienta poderosa para la toma de decisiones.

Power BI Desktop ofrece funcionalidades avanzadas como la integración con lenguajes de programación como R y Python, análisis predictivo y el uso de inteligencia artificial para detectar anomalías. Además, admite la creación de informes paginados, ideales para documentación formal.

La flexibilidad y escalabilidad de Power BI hacen que sea una solución completa para el análisis de datos en cualquier organización, proporcionando acceso en tiempo real a información clave, mejorando la colaboración y permitiendo la toma de decisiones basadas en datos precisos.

Autoevaluación

1. ¿Cuál es una de las principales características de Power BI Desktop?
   - **A.** Conectar únicamente a bases de datos locales.
   - **B.** Crear visualizaciones de datos interactivas.
   - **C.** Ejecutar scripts de HTML.
   - **D.** Almacenar grandes volúmenes de datos en servidores propios.

2. ¿Cuál es el propósito de Power Query en Power BI Desktop?
   - **A.** Gestionar la seguridad de los datos.
   - **B.** Ejecutar análisis predictivos.
   - **C.** Transformar y limpiar datos antes de su análisis.
   - **D.** Crear gráficos avanzados.

3. ¿Qué permite hacer Power BI Service?
   - **A.** Diseñar informes y dashboards sin conexión.
   - **B.** Compartir informes en tiempo real y colaborar con otros usuarios.
   - **C.** Ejecutar código en lenguajes de programación como C++.
   - **D.** Crear visualizaciones exclusivamente para uso móvil.

4. ¿Cuál es uno de los beneficios clave de Power BI Mobile?
   - **A.** Permite la edición avanzada de modelos de datos.
   - **B.** Ofrece acceso a informes desde dispositivos móviles en cualquier momento y lugar.
   - **C.** Integra directamente con servidores SQL Server locales.
   - **D.** Facilita el uso de gráficos en tres dimensiones.

5. ¿Qué tipo de análisis avanzado se puede realizar en Power BI Desktop?
   - **A.** Exclusivamente análisis descriptivo.
   - **B.** Análisis predictivo y prescriptivo utilizando modelos avanzados.
   - **C.** Análisis de redes neuronales solamente.
   - **D.** Simulación de realidad aumentada.

6. ¿Qué permite Power BI Embedded?
   - **A.** Desplegar informes solo en aplicaciones de escritorio.
   - **B.** Integrar las capacidades de Power BI en aplicaciones web y móviles.
   - **C.** Gestionar bases de datos relacionales.
   - **D.** Crear informes sin conexión a internet.

GLOSARIO

API (Application Programming Interface)

Conjunto de definiciones y protocolos que permiten la comunicación entre aplicaciones de software, facilitando la extracción de datos de aplicaciones web y servicios en la nube.

Agregación de Datos

Resumir datos detallados para obtener una visión general, útil para generar informes y análisis de alto nivel.

Alertas

Notificaciones automáticas que informan a los usuarios sobre eventos importantes o condiciones específicas en los datos. Pueden ser enviadas por correo electrónico, mostradas en dashboards o enviadas por SMS para notificaciones urgentes.

Algoritmo de Clustering

Un método utilizado para agrupar un conjunto de datos en subgrupos o clusters, de tal manera que los datos dentro de cada subgrupo sean más similares entre sí que con los datos de otros subgrupos. Ejemplo: k-means.

Almacén Dimensional de Datos (DDS)

Componente clave en la arquitectura de un Datawarehouse diseñado para facilitar el análisis multidimensional de datos y apoyar la toma de decisiones empresariales.

Almacén Operacional de Datos (ODS)

Base de datos diseñada para integrar y consolidar datos de diversas fuentes operacionales en tiempo real.

Análisis Exploratorio de Datos (EDA)

Una fase del proceso de minería de datos que implica la utilización de técnicas estadísticas y visualizaciones para resumir las principales características de los datos y descubrir patrones interesantes.

Análisis Predictivo

Uso de datos históricos y modelos estadísticos para prever futuros eventos y tendencias.

Análisis Prescriptivo

Sugerencia de acciones basadas en el análisis predictivo para optimizar resultados.

Análisis de Clickstream

Análisis de los datos que registran las acciones de los usuarios en un sitio web, esencial para la optimización de sitios web y análisis de comportamiento del usuario.

Bases de Datos Relacionales

Bases de datos que almacenan datos en tablas estructuradas con filas y columnas. Ejemplos incluyen MySQL, Oracle, SQL Server y PostgreSQL.

Bases de Datos Transaccionales

Sistemas que capturan datos sobre transacciones diarias, como sistemas de punto de venta (POS) y sistemas de facturación.

Business Intelligence (BI)

Conjunto de tecnologías, aplicaciones y prácticas para la recopilación, integración, análisis y presentación de información empresarial, con el objetivo de apoyar la toma de decisiones y mejorar el rendimiento empresarial.

Capacitación y Soporte

Proceso de enseñar a los usuarios finales cómo interpretar y utilizar los resultados del modelo de minería de datos, así como proporcionar ayuda técnica para resolver cualquier problema.

Carga Incremental

Método de carga de datos en el cual solo se cargan los datos que han cambiado desde la última carga.

Carga Masiva (Bulk Load)

Método de carga de datos en el cual se transfieren grandes volúmenes de datos de una sola vez.

Carga

Última fase del proceso ETL donde los datos transformados se almacenan en un sistema de almacenamiento de datos como un data warehouse.

Cifrado de Datos

Proceso de convertir los datos en un formato ininteligible para protegerlos contra el acceso no autorizado.

Clave Foránea

Atributo en una tabla que crea un vínculo con la clave primaria de otra tabla, estableciendo una relación entre las dos tablas .

Clave Primaria

Atributo o conjunto de atributos que identifica de manera única a cada fila en una tabla .

Clustering

Técnica de agrupamiento utilizada para segmentar un conjunto de datos en subgrupos homogéneos basados en características similares.

Componentes de Visualización

Elementos gráficos que permiten representar datos de manera visual, facilitando la interpretación rápida y precisa de grandes volúmenes de datos. Ejemplos incluyen gráficos de barras, líneas, pastel, mapas de calor, dashboards interactivos y diagramas de Sankey.

Conectores de Datos

Interfaces que permiten la extracción de datos de aplicaciones específicas como Salesforce, Google Analytics y SAP.

Conjunto de Entrenamiento

Subconjunto de datos utilizado para entrenar un modelo de minería de datos.

Conjunto de Prueba

Subconjunto de datos utilizado para evaluar el desempeño de un modelo de minería de datos después del entrenamiento.

Consultas

Solicitudes de información específicas hechas a bases de datos utilizando lenguajes de consulta estructurados como SQL para extraer, filtrar y manipular datos.

Cubo OLAP

Representación tridimensional de datos que permite visualizar e interactuar con la información de manera intuitiva para análisis multidimensionales.

DAX (Data Analysis Expressions)

Lenguaje utilizado en Power BI para crear medidas y columnas calculadas en modelos de datos, facilitando cálculos personalizados y avanzados.

Dashboards

Paneles interactivos que combinan múltiples visualizaciones y métricas clave en una sola pantalla, permitiendo a los usuarios monitorear indicadores clave de rendimiento (KPI) en tiempo real y explorar datos mediante filtros y herramientas interactivas.

Data Lake

Repositorio de almacenamiento que contiene datos en su formato original, ya sean estructurados, semi-estructurados o no estructurados.

Data Lakes

Repositorios centralizados que permiten almacenar grandes volúmenes de datos en su formato nativo sin necesidad de estructurarlos previamente.

Data Mart

Subdivisión especializada del Datawarehouse, diseñada para satisfacer las necesidades específicas de análisis de un área de negocio, departamento o grupo de usuarios.

Data Warehouse

Sistema de almacenamiento de datos diseñado para la consulta y el análisis de grandes volúmenes de datos.

Datawarehouse (Almacén de Datos)

Repositorio centralizado que almacena grandes volúmenes de datos provenientes de diversas fuentes, estructurados y organizados para facilitar su análisis y consulta.

Datos Categóricos

Datos que representan categorías discretas y no tienen un orden específico. Ejemplo

colores, tipos de productos.

Denormalización

Proceso de combinar tablas para reducir la complejidad de las consultas y mejorar el rendimiento de las lecturas.

Desidentificación y Anonimización

Transformar datos sensibles para proteger la privacidad de los individuos.

Despliegue

La fase final en el proceso de minería de datos donde los modelos y resultados obtenidos se implementan en un entorno real para ser utilizados en la toma de decisiones y en la mejora de procesos de negocio.

Dimensiones

Categorías o contextos mediante los cuales se analizan los hechos, proporcionando información descriptiva.

Distribución de los Datos

Análisis de cómo se distribuyen los valores de una variable en un conjunto de datos, comúnmente visualizado mediante histogramas o gráficos de barras.

ETL (Extracción, Transformación y Carga)

Proceso que implica la extracción de datos de diversas fuentes, su transformación para asegurar calidad y coherencia, y la carga de estos datos en el datawarehouse.

ETL (Extract, Transform, Load)

Proceso de extracción de datos de diferentes fuentes, transformación de estos en un formato adecuado para el análisis y su carga en un sistema de almacenamiento.

ETL Sin Código/Bajo Código

Herramientas que permiten a los usuarios diseñar y ejecutar procesos ETL complejos mediante interfaces gráficas sin necesidad de escribir código.

ETL Tools

Herramientas utilizadas para facilitar y automatizar el proceso de ETL, como Talend, Informatica, y Apache Nifi.

ETL como Servicio (ETLaaS)

Oferta de servicios ETL gestionados por proveedores especializados, permitiendo a las empresas externalizar sus procesos ETL.

ETL con Big Data

Proceso de manejar volúmenes masivos de datos utilizando frameworks como Apache Hadoop y Apache Spark.

ETL en Tiempo Real

Capacidad de manejar y procesar datos a medida que se generan, utilizando tecnologías como Apache Kafka y Amazon Kinesis.

ETL en la Nube

Proceso de realizar ETL utilizando servicios y herramientas basadas en la nube, como AWS Glue y Azure Data Factory.

Enriquecimiento de Datos

Añadir información adicional a los datos existentes para mejorar su valor y utilidad.

Error Cuadrático Medio (MSE)

Métrica utilizada para evaluar modelos de regresión, que mide la magnitud promedio de los errores de predicción al cuadrado.

Esquema de Copo de Nieve

Variante del esquema estrella donde las dimensiones están normalizadas en múltiples tablas relacionadas.

Esquema de Estrella

Estructura de modelo dimensional donde una tabla central de hechos está conectada directamente a varias tablas de dimensiones.

Este glosario ofrece una visión general de los términos clave relacionados con la inteligencia de negocio y las herramientas utilizadas en este campo, como Power BI Desktop, facilitando la comprensión y el uso efectivo de estas tecnologías en un entorno empresarial.

Evaluación del Modelo

Proceso de medir la efectividad y precisión de un modelo de minería de datos utilizando diferentes métricas y técnicas.

Exploración de Datos

Proceso de analizar datos recolectados para entender su estructura, características y calidad.

Extracción

Primera fase del proceso ETL donde se obtienen datos de diversas fuentes para su posterior procesamiento y análisis.

F1-Score

Métrica de evaluación que representa la media armónica de la precisión y el recall, proporcionando un balance entre ambas.

Filtrado de Datos

Selección de un subconjunto de datos que cumplen con ciertos criterios, eliminando los datos irrelevantes o no deseados.

Gráficos de Barras

Visualizaciones utilizadas para comparar cantidades entre diferentes categorías. Pueden ser verticales u horizontales y son útiles para análisis de ventas, rendimiento por departamento y comparación de métricas anuales.

Gráficos de Cascada (Waterfall Charts)

Visualizaciones que muestran cómo una serie de incrementos y decrementos afectan un valor inicial hasta llegar a un valor final, ideal para descomponer el impacto de diferentes factores en un total.

Gráficos de Líneas

Visualizaciones utilizadas para visualizar datos continuos a lo largo del tiempo, ideal para identificar patrones y tendencias temporales.

Gráficos de Pastel

Visualizaciones que muestran cómo se divide un conjunto de datos en partes proporcionales, útiles para visualizar la composición de un todo, como la distribución de mercado por segmento.

Heatmaps (Mapas de Calor)

Visualizaciones que utilizan colores para representar la intensidad de los valores en una matriz o tabla, útiles para identificar patrones y correlaciones en grandes conjuntos de datos.

Hechos

Datos cuantitativos que una organización desea analizar, representando eventos o transacciones específicas.

Hipótesis Iniciales

Suposiciones basadas en la experiencia y el conocimiento del negocio, que sirven como puntos de partida para el análisis de datos.

Histogramas

Gráficos que muestran la distribución de un conjunto de datos continuos utilizando barras para representar la frecuencia de los valores dentro de ciertos rangos.

Hojas de Cálculo

Documentos electrónicos que permiten almacenar datos en un formato tabular, como Microsoft Excel y Google Sheets.

Indexación de Datos

Creación de índices en las tablas de base de datos para acelerar las consultas y mejorar el rendimiento del acceso a los datos.

Información

Datos procesados y organizados de manera que sean útiles para la toma de decisiones.

Integración de Datos

Proceso de combinar datos de diferentes fuentes en un conjunto de datos coherente y unificado.

Integridad Referencial

Principio que asegura que las relaciones entre tablas se mantengan consistentes .

Inteligencia Artificial (IA) y Machine Learning (ML) en ETL

Uso de algoritmos de IA y ML para mejorar la eficiencia y precisión de la integración de datos, automatizando tareas como la detección de anomalías y la limpieza de datos.

Limpieza de Datos

Proceso de corregir errores, manejar valores faltantes y eliminar duplicados en un conjunto de datos.

Limpieza de Datos

Proceso de identificar y corregir o eliminar datos incorrectos, incompletos, duplicados o irrelevantes.

Mapas Geográficos

Visualizaciones que representan datos espaciales sobre un mapa, excelentes para analizar datos por ubicación y visualizar patrones geográficos.

Middleware de Integración de Datos

Software que facilita la comunicación y transferencia de datos entre sistemas heterogéneos.

Middleware

Software que actúa como intermediario entre diferentes sistemas y aplicaciones, facilitando la integración y el intercambio de datos.

Modelado Dimensional

Técnica de diseño que estructura los datos en dimensiones y hechos para facilitar la consulta y el análisis.

Modelado

Fase en la minería de datos donde los datos preparados se utilizan para construir modelos predictivos o descriptivos mediante diversos algoritmos y técnicas estadísticas.

Modelo Relacional de Datos

Modelo de datos que organiza la información en tablas que se relacionan entre sí a través de claves primarias y foráneas.

Modelos de Datos Multidimensionales

Modelos que estructuran la información en forma de un cubo de datos, permitiendo el análisis desde múltiples perspectivas.

Máquinas de Soporte Vectorial (SVM)

Algoritmos utilizados para problemas de clasificación y regresión, eficaces para encontrar un hiperplano que separe las clases de datos.

Normalización de Datos

Proceso de estandarización de los formatos de datos para asegurar coherencia y facilitar el análisis.

Normalización y Escalado

Proceso de ajustar las escalas de las variables para asegurar que tengan una influencia equilibrada en el análisis.

Normalización

Proceso utilizado en el modelo relacional para organizar los datos y reducir la redundancia, dividiendo las tablas en tablas más pequeñas y definiendo relaciones entre ellas .

Outliers

Valores atípicos o anómalos que se desvían significativamente de otros valores en un conjunto de datos y pueden influir negativamente en el análisis.

Particionamiento de Datos

Técnica de dividir grandes tablas de base de datos en partes más pequeñas y manejables llamadas particiones.

Power BI Desktop

Herramienta de Microsoft que permite a los usuarios conectar diversas fuentes de datos, realizar análisis profundos y crear visualizaciones interactivas. Es una parte fundamental del ecosistema de Power BI y se utiliza para diseñar y desarrollar informes y dashboards.

Power BI Service

Plataforma basada en la nube que permite a los usuarios ver, compartir y colaborar en informes y dashboards, proporcionando capacidades adicionales para la gestión de informes y la colaboración en equipo.

Power Query

Motor de extracción, transformación y carga (ETL) de Power BI Desktop, que permite a los usuarios conectar, combinar y refinar datos de múltiples fuentes.

Precisión (Accuracy)

Proporción de predicciones correctas realizadas por un modelo de minería de datos sobre el total de predicciones.

Pronósticos

Utilización de datos históricos y técnicas analíticas para prever resultados futuros. Los formatos de presentación de pronósticos pueden incluir gráficos de series temporales, tablas de pronósticos y mapas de calor de pronósticos.

ROC-AUC (Área Bajo la Curva de Característica Operativa del Receptor)

Métrica que mide la capacidad de un modelo para distinguir entre clases.

Recall (Sensibilidad)

Capacidad de un modelo para identificar correctamente todas las instancias positivas en un conjunto de datos.

Redes Neuronales

Modelos complejos utilizados para tareas como el reconocimiento de patrones y la clasificación, inspirados en la estructura del cerebro humano.

Relevancia

Medida de cuán útiles y aplicables son los datos recolectados para los objetivos del negocio establecidos.

Reportes

Documentos estructurados que presentan información específica de manera clara y ordenada, utilizando diversos formatos como reportes tabulares, gráficos, dashboards y reportes narrativos.

SQL (Structured Query Language)

Lenguaje de programación utilizado para gestionar y manipular bases de datos relacionales, esencial para la realización de consultas y análisis de datos.

SQL Scripts

Secuencias de comandos SQL utilizadas para cargar datos directamente en bases de datos relacionales.

Seguridad y Cumplimiento Normativo en ETL

Implementación de medidas de seguridad y herramientas para cumplir con regulaciones como GDPR y CCPA.

Selección de Datos

Proceso de elegir las variables y registros que son más relevantes para los objetivos del análisis.

Sistema CRM (Customer Relationship Management)

Sistema de gestión de relaciones con clientes que almacena información sobre interacciones, historial de compras, consultas y preferencias de clientes.

Sistema ERP (Enterprise Resource Planning)

Sistema de planificación de recursos empresariales que integra datos de diversos departamentos, como finanzas, recursos humanos, producción, ventas y logística.

Sistema de Procesamiento Analítico en Línea (OLAP)

Herramientas diseñadas para realizar consultas complejas y análisis de datos de manera rápida y flexible, permitiendo el análisis multidimensional.

Sistema de Procesamiento de Transacciones en Línea (OLTP)

Sistemas diseñados para manejar y facilitar las operaciones transaccionales diarias de una organización.

Staging Area

Zona de preparación temporal donde los datos se limpian y transforman antes de ser cargados en el Datawarehouse.

Stakeholders

Partes interesadas en un proyecto de minería de datos, que pueden incluir directivos, gerentes de departamento, analistas de datos, y otros empleados.

Structured Query Language (SQL)

Lenguaje estándar utilizado para interactuar con bases de datos relacionales, permitiendo realizar consultas, actualizaciones, inserciones y eliminaciones de datos.

Transformaciones Geoespaciales

Transformar datos geoespaciales para análisis geográficos, como convertir coordenadas geográficas en direcciones utilizables.

Transformación de Datos

Conjunto de procesos para preparar los datos para el análisis, incluyendo limpieza, integración, conversión y normalización.

Transformación

Segunda fase del proceso ETL que implica limpiar, estandarizar y modificar los datos extraídos para adecuarlos al análisis.

Tree Map (Diagrama de Árbol)

Gráficos que utilizan rectángulos anidados para representar datos jerárquicos, donde el tamaño de cada rectángulo es proporcional al valor que representa.

Validación Cruzada

Técnica que divide los datos en varios subconjuntos para entrenar y evaluar el modelo múltiples veces, asegurando que se minimice el riesgo de sobreajuste.

Vistas Materializadas

Vistas que almacenan los resultados de consultas precomputadas para mejorar el rendimiento del sistema OLAP .

Visualización de Datos

Representación gráfica de los datos analizados para facilitar su comprensión y análisis.